10일 마음챙김 명상 워크북

본 도서는 (재)대한불교진흥원이 젊은 세대의 관심과 시대적 감
각에 맞는 불교 콘텐츠 발굴을 통해서 젊은 세대의 불교 이해를
돕기 위해 펴내는 〔대원불교문화총서〕 시리즈입니다.

대원불교문화총서 13

하루 한 가지, 나에게 꼭 맞는 명상 습관 만들기

10일 마음챙김 명상 워크북

벤자민 데커 지음 | 이혜진 옮김

운주사

PRACTICAL MEDITATION FOR BEGINNERS
Copyright © 2018 by Benjamin W. Decker originally published in
the United States
by CALLISTO PUBLISHING LLC. www.callistopublishing.com/.
This Korean translation published by arrangement with CALLISTO
PUBLISHING LLC through Alex Lee Agency ALA

이 책의 한국어판 저작권은 알렉스리 에이전시 ALA를 통해서 CALLISTO
PUBLISHING LLC사와 독점 계약한 도서출판 운주사에 있습니다. 저작권법에
의하여 한국 내에서 보호를 받는 저작물이므로 무단전재와 복제를 금합니다.

어릴 적부터 명상은 제 삶 곳곳에 스며 있었습니다. 영화와 TV에서뿐만 아니라 가족과 이웃, 교회에서도 명상을 자주 접했습니다. 명상은 언제나 고요하면서도 강력한 힘을 지닌 것으로 그려졌고, 마치 온 세상이 그 신비로운 치유의 힘을 이미 알고 있는 듯했습니다.

저는 존재에 대한 깊은 진리를 발견했던 고대 철학자, 과학자, 성인, 현자들에 대해 배우는 것을 좋아했습니다. 특히 그들이 전한 명상과 그 수많은 이점들에 매료되었죠. 오늘날 신경과학과 유전학은 명상 중 우리 몸에서 일어나는 생리적 변화와 규칙적인 수행이 몸과 마음에 미치는 영향을 정확히 밝혀내며, 우리 조상들이 오래전부터 알고 있던 지혜를 과학적으로 입증하고 있습니다. 하버드 의대 신경과학자 사라 라자르의 연구에 따르면, 명상은 뇌를 물리적으로 변화시켜 학습, 인지, 기억, 감정 조절과 관련된 영역을 더욱 활성화시킵니다. 이 외에도 스트레스 감소, 혈압 저하, 행복감 증진과 같은 수많은 혜택이 연구를 통해 밝혀졌습니다.

일찍이 명상에 매료된 저는 다양한 명상 기법과 수행법을 탐구하는 여정을 시작했습니다. 불교와 힌두교를 비롯해 유대교, 이슬람교, 기독교는 물론 북미와 남미 원주민의 전통에 이르기까지 폭넓게 탐구했습니다. 10대 시절에는 부모님이 믿던 종교의 4년제 신학교 과정을 마쳤는데, 이는 제 인생에 특별한 전환점이 되었습니다. 이 경험은 세상에 대한 제 시야를 넓혀주었고 다양한 가능성에 마음을 열게 해주었습니다.

그 후로 저는 비교종교학 서적부터 다양한 문화권의 명상 역사, 명상이 뇌와 신체에 미치는 영향을 탐구하는 신경과학 서적까지 손에 잡히는 대로 읽었습니다. 명상 관련 강의와 워크숍, 수업이 있다면 빠짐없이 참석했습니다. 수년에 걸쳐 '디어파크 수도원', '자아실현협회', '신지학협회'의 공식 프로그램에도 참여했고, 침묵 수련과 명상 챌린지도 꾸준히 수행했습니다. '오픈마인드훈련연구소'와 '의식전환연구소'에서는 선불교, 도교, 영적 심리학의 전통적 수행법을 안내해준 소중한 멘토들도 만날 수 있었습니다.

이렇게 세계의 다양한 전통과 기법을 탐험한 여정은 이 책의 큰 밑거름이 되었습니다. 이 책은 10일간의 명상 프로그램으로, 하루에 하나씩 열 가지 명상법을 단계별로 명확하게 안내합니다. 누구나 쉽게 명상을 시작하고 지속할 수 있도록 구성했습니다.

명상은 명확한 지침과 규칙적인 연습을 통해 우리의 감각과 신체, 감정, 그리고 무한히 펼쳐진 생각의 영역과 더 깊이 연결될 수 있도록 해줍니다. 이를 위해 필요한 것은 많지 않습니다. 조용한 장소, 의자나 쿠션, 타이머, 그리고 작은 수첩 한 권이면 충분합니다. 바로 오늘부터 시작할 수 있습니다.

10일의 여정을 마치고 나면 여러분은 각 명상 기법에 익숙해지고,

각각이 가져다주는 구체적인 혜택들도 체험하게 될 것입니다. 또한 자신의 라이프스타일과 목표에 가장 잘 맞는 명상법을 찾을 수 있을 것입니다. 이러한 기초를 토대로, 앞으로 오랫동안 삶 속에서 가꾸고 키워나갈 수 있는 여러분만의 명상 습관을 만들도록 이끌어 드리겠습니다.

차 례

이 책의 사용법

선불교에는 '초심자의 마음'이라는 표현이 있습니다. 초심자의 마음은 낯설고 불편할 수 있는 새로운 경험 앞에서도 유연하고 열린 태도를 유지할 수 있게 해줍니다. 전문가가 '이미 안다'는 생각에 갇혀 놓치기 쉬운 일상의 새로운 면을 발견하도록 도와줍니다.

이 명상 프로그램을 효과적으로 활용하려면 바로 이 초심자의 마음을 받아들이는 것이 중요합니다. 스스로를 평가하거나 새로운 수행법을 미리 판단하지 마세요. 이 책의 프로그램을 단계별로 따라가다 보면, 여러분은 다양한 문화와 시대를 아우르는 명상법들을 경험하게 될 것입니다. 열 가지 명상법 중 어떤 것은 쉽고 자연스럽게 다가오지만, 어떤 것은 낯설고 어렵게 느껴질 수도 있습니다. 만약 저항감이나 자의식이 올라온다면 그럴 때마다 초심자의 마음으로 돌아가 보세요. 초심자의 마음은 우리가 더욱 유연하고 깊이 있는 명상 경험을 하도록 이끌어줄 것입니다.

프로그램을 시작하기 전에 이 책에서 소개하는 다양한 명상법들을 먼저 살펴보세요. 이 프로그램은 오늘 당장 명상을 시작하

> "초심자의 마음에는 모든 길이 열려 있지만, 이미 안다고 생각하는 마음에는 정해진 길만 보일 뿐입니다."
>
> – 슌류 스즈키, 『선심 초심』 중에서

는 데 필요한 모든 정보를 담고 있습니다. 매일 새로운 명상 기법을 소개하며, 각 명상법을 더 깊이 경험할 수 있도록 단계별 안내와 참고 자료도 함께 제공합니다.

처음 명상을 시작하는 분들에게는 열 가지 명상 기법이 많게 느껴질 수 있습니다. 왜 이렇게 다양한 기법이 필요한지, 오히려 더 복잡해지는 건 아닌지 의문이 들 수도 있습니다. 하지만 사실 모든 명상은 스타일이나 전통과 관계없이 집중력, 주의력, 자각, 자기 조절이라는 동일한 핵심 능력을 기릅니다. 이 프로그램을 통해 여러분은 바로 이런 핵심 능력을 익히게 될 것이고, 그 과정에서 다양한 접근법을 활용할 뿐입니다.

다양한 명상 기법을 시도해 보는 것은 이 프로그램을 더욱 흥미롭게 만들어줄 것입니다. 명상을 앉아서 하는 것이 전통적인 방법인 이유는 몸이 가만히 있으면 마음도 차분해지기 때문입니다. 하지만 그것이 명상의 유일한 방법은 결코 아닙니다. 가만히 앉기 어려운 분에게는 여섯째 날에 소개할 고대 수행법인 걷기 명상이 잘 맞을 수 있습니다. 반대로 깊은 고요를 추구하는 분에게는 정적인 명상이 더 적합할 수 있습니다. 자신에게 가장 잘 맞는 기법을 찾는 유일한 방법은 직접 시도해 보는 것입니다. 저는 수년간 명상을 가르치며 수천 명의 사람들과 함께 각자의 성격, 라이프스타일, 필요에 맞는 명상법을 개발해왔습니다. 그 결과, 다양한 스타일을 시도해 보는 이 접근법이 초보자가 자신에게 맞는 명상법을 찾는 가장 효과적인 방법임을 확신하게 되었습니다.

프로그램을 진행하는 동안 매일 같은 시간과 장소에서 명상하는 것이 큰 도움이 됩니다. 일정한 환경은 방해 요소를 최소화할 수 있기 때문입니다. 현실적으로 10일 내내 그렇게 하기 어려울 수도 있지만, 가능한 한 이를 목표로 해 보세요. 대부분의 명상은 조용한 장소만 있으면 충분합니다. 다만, 여섯째 날의 걷기 명상은 걸어 다닐 수 있는 공간(가급적 야외)이 필요하며, 일곱째 날의 바디스캔 명상은 편안히 누울 수 있는 공간이 필요합니다. 앞으로 일정을 계획할 때 이 점을 염두에 두세요.

또한 프로그램을 진행할 때는 작은 수첩이나 일기장을 곁에 준비해 두세요. 이 명상 노트에 새로운 명상 습관을 만들어가는 과정과 진행 상황을 기록하고, 각 장 끝의 질문들에 답해 보거나 어떤 명상법이 좋았는지 또는 어려웠는지 간단히 적어두시면 됩니다.

연구에 따르면 명상의 가시적인 효과를 경험하는 데는 불과 4일이면 충분하고, 새로운 습관이 형성되는 데는 21일에서 66일이 걸린다고 합니다. 즉, 이 10일 프로그램이 끝난 후 완벽하게 명상 시간을 지키지 않더라도, 이 과정을 통해 충분히 명상을 경험하고 그 효과를 느끼며 습관의 씨앗은 심어질 것입니다. 그 이후에는 이 새로운 수행법을 일상에 가장 잘 녹여낼 방법을 스스로 찾아가게 될 것입니다.

가능하다면 프로그램에 제시된 대로 하루도 건너뛰지 않고 진행하는 것이 가장 좋습니다. 10일은 명상의 심리적, 생리적 효과를 충분히 경험할 수 있는 적절한 기간이며, 아무리 바쁜 사람이라도 참여할 수 있을 만큼 부담스럽지 않은 길이입니다. 물론 일상에서 여러 방해 요소가 있을 수 있습니다. 하루 정도 건너뛰게 되더라도 너무 자책하지 마세요. 다만 명상 기법을 체계적으로 익히고 습관을 확립하기 위해서는 가능한 한 빨리 다시 시작하는 것이 중요합니다. 만약 며칠 연속으로 건너뛰었다면 첫째 날부터 다시 시작하는 것도 좋은 방법입니다.

어떤 명상법은 다른 것들보다 더 편안하게 느껴질 수 있으므로 다양한 기법을 시도해 보는 것이 중요합니다. 만약 어렵게 느껴지거나 마음에 들지 않는 명상법이 있다면, 그 명상법은 건너뛰고 전날의 명상을 다시 해도 괜찮습니다. 대신 건너뛴 명상법의 어떤 점이 불편했는지 명상 노트에 적어두세요. 이렇게 하면 자신에게 가장 잘 맞는 명상 루틴을 만드는 데 도움이 될 것입니다.

자, 이제 시작해 봅시다!

앉아서 하는 호흡 알아차림 명상

명상 길이: 5분

무엇인가요?

앉아서 하는 명상(좌선)은 선불교에서 유래한 대표적인 명상법입니다. 단순하면서도 깊이가 있어 전 세계적으로 널리 실천되고 있습니다. 오늘은 그 현대적인 버전으로 시작해 보겠습니다.

선불교는 약 1,500년 전 인도의 달마 대사가 중국에 불교를 전하면서 시작되었고, 중국 고유의 도가 사상과 결합하여 독특한 불교 전통으로 발전했습니다. 이후 한국과 일본으로 전해져 각 나라의 문화 속에 자리 잡으며, 한국에서는 '선', 일본에서는 '젠'으로 발전했습니다.

오늘날 '선'이라는 단어는 평온함, 이완, 차분한 태도를 의미하는 말로 널리 사용됩니다. 선불교는 불교학자 스즈키에 의해 서구에 널리 알려졌지만, 본래 선은 특정 종교나 철학, 또는 수행 방식에 국한되지 않습니다. 20세기 철학자 앨런 와츠는 저서 『선의 길』에서 선이란 '해방의 길'이라고 설명하며, 어떤 종교적 전통과도 조화를 이룰 수 있다고 강조했습니다.

선불교는 다른 전통과 달리 경전을 공부하는 것보다 직접 명상을 실천하며 깨달음을 얻는 데 중점을 둡니다. 앉아서 하는 명상인 좌선은 이러한 수행 방식의 핵심입니다.

앉아서 하는 명상은 매우 간단하고 직관적이어서 처음 시작하기에 좋은 명상법입니다. 이 명상의 핵심은 자신의 호흡을 관찰하는 것입니다. 호흡에 집중하면 의식의 초점이 외부에서 내면으로 향하게 됩니다. 이는 주의의 초점을 조절하는 연습이기도 합니다. 꾸준히 연습하다 보면, 처음에는 호흡에만 머물던 좁은 주의가 몸의 감각, 생각의 흐름, 나아가 생각과 감각을 일으키는 내면의 충동으로까지 자연스럽게 확장됩니다. 이러한 의식의 확장은 이 책의 프로그램을 진행하면서 점차 분명하게 경험하게 될 것입니다. 결국, 이 명상 연습은 자신과 주변 상황을 더 넓은 시각에서 바라볼 수 있도록 도와줄 것입니다. 이 모든 변화는 그저 호흡에 주의를 집중하는 것에서 시작됩니다.

앉아서 하는 명상은 의식의 여러 단계를 탐색하는 여정과 같습니다. 먼저 우리는 안전하고 차분하며 평화로운 환경에서 자기 자신과 만납니다. 그다음에는 지금 이 순간이 실제로 어떠한지를 몸을 통해 느껴 봅니다. 몸의 어떤 부위에 긴장이 있는지, 따뜻하거나 팽창하는 듯한 느낌이 있는지, 혹은 불안이나 설렘 같은 감정이 몸 어디에 자리 잡고 있는지 천천히 알아차려 봅니다.

단 5분간의 짧은 연습만으로도 평온함과 명료함이 높아지고 주의력이 향상됩니다. 그 효과는 짧게는 한 시간에서 길게는 하루 종일 지속

될 수 있습니다. 이 명상은 습관적으로 반복되던 생각의 흐름에서 벗어나 긴장을 풀고, 새로운 관점과 통찰을 받아들일 수 있는 상태를 만들어줍니다. 이러한 효과는 앉아서 하는 명상뿐 아니라 다른 명상 기법에서도 공통으로 나타나며, 앞으로 여러분이 직접 경험하게 될 것입니다.

5분이라는 짧은 시간으로도 강력한 효과를 얻을 수 있지만, 진정한 변화는 명상을 꾸준히 실천할 때 일어납니다. 꾸준한 명상은 우리의 마음을 근본적으로 재훈련하여 세상을 바라보는 관점을 완전히 새롭게 바꿔줍니다. 이를 통해 삶은 점차 균형을 되찾고, 더욱 깊고 풍성한 의미로 채워집니다. 또한 앉아서 하는 명상은 우리가 태어나 살아가고 있는 이 세상과 얼마나 깊이 연결되어 있는지를 깨닫도록 도와줍니다. 개인의 명상은 내면의 변화에만 그치는 것이 아니라, 우리가 매 순간 함께 만들어가는 세상과 깊이 연결되어 있음을 이해하게 해줍니다.

얻을 수 있는 것

선불교는 고요한 산사에서 명상하는 승려뿐 아니라 강인한 무예 수행자의 모습까지 동시에 떠올리게 하는 흥미로운 전통입니다. 몇 년 전, 명상 지도자 교육 프로그램의 일환으로 미국 캘리포니아에 위치한 디어파크 수도원을 방문한 적이 있습니다. 이곳은 세계적으로 존경받는 틱낫한 스님이 설립한 곳입니다. 그때의 여러 인상 깊은 순간들 중에서도, 숙련된 명상 수행자들조차 수도원의 극도로 단순한 생활 방식에 당황했던 모습이 가장 기억에 남습니다. 스마트폰과 외부 자극 없이 단 몇 시간을 보내는 것조차 힘겨워했던 것입니다. 반면 그곳의 수도자들은 가장 평범한 일상 활동—걷기, 먹기, 설거지하기— 속에서도 깊은 평화와 만족, 심지어 순수한 기쁨을 발견하며 매 순간에 온전히 깨어 있었습니다.

오늘날 우리는 끊임없이 가속화되는 세상 속에서 살아갑니다. 새로운 기술들이 우리의 감각을 쉴 새 없이 자극하고, 빽빽한 일정이 우리를 이리저리 끌고 다닙니다. 이런 소용돌이 속에서 가만히 앉아서 하는 명상이 주는 혜택은 쉽게 간과되곤 합니다. 하지만 바로 이 고요한 수행이야말로 우리 삶을 변화시킬 수 있는 가장 강력한 도구 중 하나입니다.

앉아서 하는 호흡 알아차림 명상을 꾸준히 실천하면 다음과 같은 능력을 기를 수 있습니다.

집중력 이 명상에서 여러분이 해야 할 유일한 일은 호흡을 알아차리는 것입니다. 꾸준히 실천하면 원하는 대상에 레이저처럼 정밀하게 주의를 집중하는 능력을 기를 수 있습니다.

명료함 호흡을 알아차리는 연습은 우리 내면의 끊임없는 생각의 소음에서 벗어날 수 있도록 도와줍니다. 그 과정에서 이전에 자신을 사로잡았던 생각들로부터 한 걸음 물러나 바라볼 수 있게 됩니다. 그렇게 되면 사물과 상황을 더 넓은 시야에서 명확하게 볼 수 있습니다.

마음과 몸의 연결 현대인은 몸과 마음 깊숙이 만성적인 긴장을 안고 살아갑니다. 우리는 이미 지나간 일을 끊임없이 되새기며 그때의 긴장을 몸에서 되살리곤 합니다. 호흡을 알아차리는 연습은 주의를 현재 순간으로 돌려 이러한 긴장을 풀어주는 데 도움을 줍니다. 꾸준히 실천하면 매 순간 들이쉬고 내쉬는 호흡과 함께 몸에서 일어나는 미세한 변화를 더욱 섬세하게 감지할 수 있게 됩니다.

자기 이해 몸과 마음은 긴밀히 연결되어 있기 때문에, 호흡에 집중하다 보면 자연스럽게 내면의 상태, 떠오르는 생각과 감정들을 더 깊고 명확하게 알아차리게 됩니다. 이러한 과정을 반복하다 보면, 자신을 더 잘 이해하고 내면과 더욱 가까워지게 됩니다.

인내력 처음 명상을 시작하면 빨리 효과를 얻고 싶은 조급한 마음이 들 수도 있습니다. 하지만 시간이 지날수록 현재의 순간을 깊고 온전히 경험하는 것이 중요하다는 사실을 깨닫게 됩니다. 그러면서 서두르고 싶었던 마음이 점점 사라지고 인내심이 자연스럽게 길러집니다.

기쁨 호흡 알아차림 명상의 가장 큰 혜택 중 하나는 일상의 소소한 순간들과 우리에게 주어진 유한한 이 삶, 그리고 그 안에 깃든 모든 아름다움을 온전히 느끼게 되는 것입니다. 꾸준히 알아차림을 실천하면 자신의 주의와 관점을 의식적으로 조절할 수 있게 됩니다. 그러면 설거지를 하거나 커피를 마시는 것과 같은 평범한 일상도 기쁨과 아름다움으로 가득한 순간으로 변합니다.

준비물

오늘 명상을 하는 데 많은 것이 필요하지 않습니다. 바닥에 앉아도 좋고 의자에 앉아도 좋으며, 집이나 직장 등 명상하는 장소에 따라 정하면 됩니다. 또한, 그날의 컨디션에 따라 다르게 선택할 수도 있습니다. 오늘 준비할 것은 다음과 같습니다.

- 등을 편안하게 세우고 앉을 수 있는 의자나 방석

- 방해받지 않을 조용한 장소 (예: 누군가 갑자기 들어올 염려가 없는 곳)

- 타이머 (스마트폰 사용 시 방해받지 않도록 비행기 모드나 무음으로 설정)

- 명상 노트와 필기도구

시작하기

누구나 한 번쯤은 가부좌를 틀고 깊은 명상에 잠긴 채 마치 공중에 떠 있는 듯한 수행자의 모습을 본 적이 있을 것입니다. 물론 언젠가는 그런 경지를 꿈꿀 수도 있지만, 처음부터 그럴 필요는 없습니다. 여러 명상 전통에서는 올바른 자세, 몸의 에너지 중심, 그리고 몸 안팎을 흐르는 에너지와 마음 상태의 관계를 강조합니다. 하지만 처음 명상을 시작할 때는 복잡하게 생각하지 말고, 자신에게 가장 편안한 자세를 찾는 것이 중요합니다.

선불교 명상에서는 일반적으로 세 가지 앉는 자세를 권장합니다. 본격적인 설명에 앞서, 자세와 관련해 꼭 기억할 점은 다음 두 가지입니다.

1. 명상하는 동안 편안하게 유지할 수 있는 자세로 앉으세요.
2. 단, 너무 편해서 잠이 올 정도의 자세는 피하세요.

저는 어린 시절 처음 명상을 접했고, 당시 남동생과 함께 명상을 하곤 했습니다. 동생은 제 첫 번째 친구이자 첫 번째 학생이기도 했어요. 그때 제 나이는 여덟 살쯤이었고, 동생은 다섯 살 정도였죠. 우리는 유연한 어린 몸을 이리저리 구부리는 걸 좋아했고, 저는 특히 완벽한 연꽃 자세를 어른들 앞에서 선보이며 감탄을 자아내곤 했습니다. 하지만 나이가 들면서 제 연꽃 자세는 점점 덜 완벽한 반연꽃 자세가 되었습니다. 이십대 초반에 파라마한사 요가난다의 『어느 요기의 자서전』이

손은 어떻게 해야 할까요?

가장 중요한 것은 자신에게 편안한 손의 위치를 찾는 것입니다. 손을 가볍게 포개거나, 손바닥을 허벅지 위에 놓거나, 무릎 위에 손바닥을 위로 향하게 펼쳐 놓아도 좋습니다. 자신에게 가장 편한 방법을 선택하세요. 그렇다면 불교나 힌두교의 옛 그림에서 보는 우아한 손 모양들은 무엇일까요? 이를 '무드라'라고 하며, 명상을 위한 무드라는 수백 가지가 있습니다. 무드라는 손 자세를 통해 신경계에 영향을 미쳐 특별한 에너지를 만들어내며, 이를 통해 각성, 치유, 보호 등의 효과를 가져온다고 알려져 있습니다. 다음은 여러분이 시도해 볼 만한 대표적인 무드라 세 가지입니다.

갸나 무드라 엄지와 검지 끝을 맞대는 손 자세로, 정신을 맑게 하고 집중력과 통찰력을 높여줍니다.

디야나 무드라 배 앞에서 양손을 포개고 엄지 끝을 맞대는 자세로, 부처님이 명상할 때 주로 사용했다고 알려져 있습니다. 깊은 고요와 내면의 평화를 가져다줍니다.

슈니 무드라 엄지와 중지 끝을 맞대는 손 자세로, 마음을 안정시키고 인내심을 높여줍니다.

라는 책을 읽었는데, 책에서 그는 미국인 제자들이 제대로 된 요가 자세로 앉기 어려워하는 모습을 묘사하고 있었습니다. 결국 그는 제자들에게 의자에 곧게 앉아 명상하는 법을 가르쳤는데, 이 부분이 저에게는 큰 위안이 되었습니다. 왜냐하면 제가 그의 2년 수련 과정을 시작할 무렵에는 이미 완벽한 연꽃 자세를 할 수 없었기 때문입니다. 그러니 명상 블로그나 요가 잡지에 나오는 어려운 자세들을 보면서 주눅들지 마세요. 꼭 그런 자세로 앉지 않아도 괜찮습니다. 명상은 여러분 자신을 위한 것이니, 자신에게 맞는 방법을 찾아가는 것 자체가 중요한 과정입니다.

명상을 하다 보면 당연히 마음이 자꾸 이리저리 떠돌게 됩니다. 그럴 때 스스로를 너무 엄격하게 판단하지 마세요. 마음이 자꾸 다른 곳으로 가는 건 여러분이 살아 있고 뇌가 정상적으로 작동하고 있다는 좋은 신호니까요! 저는 명상 중 마음이 떠도는 현상을 이해하기 쉽게 '근력 운동'에 자주 비유합니다. 헬스장에 가서 처음부터 보디빌더처럼 완벽한 몸을 만들려고 하지는 않죠. 중요한 건 운동 자체를 꾸준히 하는 것입니다. 명상도 마찬가지입니다. 마음이 호흡에서 벗어나 방황할 때마다 그것을 알아차리고 다시 호흡으로 주의를 돌리세요. 이 과정은 헬스장에서 반복 동작을 하는 것과 같습니다. 이렇게 매번 마음을 호흡으로 되돌릴 때마다 주의력이라는 근육을 단련하게 됩니다. 마음이 벗어나면 다시 돌아오고, 또 벗어나면 다시 돌아오는 것, 이 반복적인 과정이 바로 명상의 연습이자 수련입니다.

생각은 마음이 작동하는 과정에서 나타나는 자연스러운 현상입니다. 심장이 뛰듯이, 뇌가 생각을 만들어내는 것은 지극히 당연한 일입니다. 여기서 중요한 점은 생각의 내용에 빠져들지 말고, 생각이 일어나는 과정 자체를 알아차리는 데 초점을 두는 것입니다.

선 명상에 대한 흔한 오해 중 하나는 명상의 최종 목표가 생각이 없는 상태, 즉 '무념'이라고 생각하는 것입니다. 하지만 무념은 단순히 생각이 없는 상태가 아니라, 생각의 차원을 넘어선 더욱 넓고 섬세한 알아차림의 상태입니다. 이를 연습하는 좋은 방법이 바로 '마음속 메모'입니다. 생각이 떠오르면 그저 "아, 지금 일에 대한 생각을 하고 있구나" 하고 마음속으로 짧게 메모한 뒤, 다시 호흡으로 돌아

"모든 생각은 번개처럼 왔다가 사라진다."

– 선사 만잔 도하쿠

오는 것입니다.

이제 명상을 시작해 봅시다!

명상을 시작하기 전에 전체 가이드를 끝까지 읽어 보세요. 가급적 내용을 미리 숙지하여 명상 도중 흐름이 끊기지 않도록 하는 것이 좋습니다.

앉아서 하는 호흡 알아차림 명상

명상을 시작하기 전에

1. 방해받지 않을 곳에 앉으세요.

2. 잠시 시간을 들여, 명상하는 동안 가능한 한 움직이지 않고 편안하게 유지할 수 있는 자세를 잡으세요.

3. 의도를 정하세요. "나는 앞으로 5분 동안 호흡 알아차림 명상을 하며 숨을 하나씩 세겠습니다. 마음이 흩어지면 다시 처음부터 숨을 세겠습니다."

명상 시작하기

1. 타이머를 5분으로 맞추세요.

2. 눈을 부드럽게 감으세요.

3. 호흡에 주의를 기울이세요.

4. 숨이 들어오고 나갈 때 폐가 팽창하고 수축하는 것을 느껴 보세요.

5. 호흡을 바꾸거나 조절하려 하지 말고, 그저 관찰하세요.

6. 숨을 들이쉴 때마다 숫자를 세어 10까지 세고, 다시 1부터 시작하세요.

7. 호흡할 때 몸에서 일어나는 움직임을 느껴 보세요. 폐가 팽창하고 수축

하는 느낌, 갈비뼈가 움직이는 느낌, 그 밖에 호흡에 따라 움직이는 몸의 다른 부분들도 알아차리세요.

8. 숫자를 세다가 놓쳐도 괜찮습니다(아마 자주 그럴 겁니다). 그럴 때마다 다시 1부터 세기 시작하세요. 숫자를 세는 것은 그저 집중을 유지하기 위한 방법일 뿐입니다.

타이머가 울리면, 명상을 마칠 준비가 되었다면 천천히 깊은 숨을 한 번 쉬고 명상 노트를 꺼내세요. 시간이 더 있다면 타이머를 다시 맞추고 몇 분 더 명상해도 좋습니다.

마무리하기

명상을 마친 지금의 느낌을 잠시 알아차리고, 오늘 명상에 대해 기록해 보세요. 이렇게 하면 '10일 동안 매일 명상하기'라는 목표가 얼마나 잘 진행되고 있는지 쉽게 확인할 수 있고, 앞으로도 꾸준히 명상하는 데 도움이 됩니다.

시간이 부족하다면 각 장의 끝에 마련된 빈칸에 날짜, 시간, 명상한 시간 정도만 간단히 기록해도 충분합니다. 하지만 조금 더 깊이 들여다보고 싶거나 다음 질문에 답하고 싶다면 명상 노트를 활용하는 것이 좋습니다.

- 오늘 명상은 어떤 느낌이었나요?

- 어떤 생각들이 떠올랐나요?

- 명상 중 신체적으로 예상치 못한 경험이나 감각이 있었나요?

- 다음에 같은 명상을 할 때, 자세나 무드라, 명상 시간 등에서 다르게 시도하고 싶은 점이 있나요?

더 깊이 들어가기

내쉬는 숨을 세기

앞서 연습했던 방식과 동일하게 하되, 이번에는 들이쉬는 숨 대신 내쉬는 숨을 세어 보세요.

호흡을 세지 않고 관찰하기

숫자를 세지 말고 호흡을 있는 그대로 관찰하며, 몸에서 일어나는 감각과 변화를 느껴 보세요. 이 방법에 대해서는 일곱째 날 '바디스캔 명상'에서 더 자세히 다룰 것입니다.

더 오래 앉아보기

일반적으로 한 번에 20~40분씩, 하루 최대 두 번을 권장합니다.

일상 속에서 더 깊이 실천하기: 생각 멈추기

이 연습은 하루 동안 수시로 활용하여 마음의 산란함을 줄이고, 지금 하고 있는 일에 온전히 집중할 수 있도록 도와줍니다.

- **생각을 멈추세요**—지금 하고 있는 일 외의 모든 생각을 내려놓으세요. 호흡을 알아차리며, 이 순간을 온전히 경험하세요.

- **생각을 멈추세요**—글을 읽을 때 앞으로의 계획을 떠올리지 마세요. 호흡을 알아차리며, 글자 하나하나에 집중해 보세요.

- **생각을 멈추세요**—다른 사람이 말하고 있을 때 다음에 내가 할 말을

미리 생각하지 마세요. 호흡을 알아차리며, 열린 마음으로 상대의 말을 끝까지 들으세요.

- **생각을 멈추세요**—직장에서의 걱정거리를 내려놓으세요. 호흡을 알아차리며, 지금 할 수 있는 일에 최선을 다하세요.

- **생각을 멈추세요**—가족과 함께 있을 때는 일에 대한 생각을 내려놓으세요. 호흡을 알아차리며, 지금 이 순간 가족에게 사랑과 관심을 기울이세요.

추천 도서

『선심 초심』, 슌류 스즈키

『선의 길』(The Way of Zen), 앨런 왓츠

『달마어록』, 달마대사

『선과 모터사이클 관리술』, 로버트 피어시그

『절권도』, 이소룡

기록 : 1일 차

날짜 : ....   시간 : ....

명상 시간 : ....

자세 : ....

사용한 무드라(있다면) : ....

명상하면서 느낀 점을 간단히 표현해 주세요(예: 쉬움, 어려움, 편안함, 지루함 등) :

....

....

....

....

....

....

....

....

열린 알아차림 명상

명상 길이: 5분

무엇인가요?

열린 알아차림 명상은 '열린 주의 명상', '열린 관찰 명상', 또는 '부드러운 초점 명상'이라고도 불립니다. 이 명상법은 마음챙김 명상의 한 형태로, 의식 속에 떠오르는 다양한 요소들, 즉 소리와 같은 감각적 자극, 생각, 감정 등을 있는 그대로 받아들이고 자연스럽게 흘러가도록 두는 방식입니다. 이 과정에서 새로운 감각, 생각, 감정이 계속해서 떠오르고 사라지며 자연스러운 흐름이 이어집니다.

이 명상은 '음'의 성격을 지닌 명상입니다. 음양은 자연의 두 가지 근본적인 측면을 나타내는 고대 개념으로, 삶의 모든 영역에 존재하는 서로 다른 에너지를 뜻합니다. 음은 수용적이고 개방적이며 확장하는 성질을 가지고 있고, 양은 정확하고 구체적이며 활동적인 성질을 띱니다. 우리는 모두 음과 양의 특성을 함께 가지고 있으며, 명상도 마찬가지입니다. 이 프로그램의 각 명상법은 음과 양의 요소를 모두 포함하지만, 대개 둘 중 하나를 더 강조합니다.

집중(집중력)이 '양'의 에너지라면, 주의(알아차림)는 '음'의 에너지입니다. 이 두 가지는 함께 작용하여, 우리가 현재 하고 있는 일에 집중하면서도 동시에 그 순간의 다양한 측면을 알아차리고 열린 마음으로 받아들일 수 있게 합니다. 대부분의 명상법에서는 집중과 주의를 함께 활용하지만, 열린 알아차림 명상에서는 열린 주의에 중점을 둡니다.

"진정한 주의에는 집중도, 선택도 없다. 판단 없는 온전한 알아차림만 있을 뿐이다."

– 자두 크리슈나무르티, 『있는 그대로의 나』 중에서

오늘날 우리가 알고 있는 마음챙김과 마음챙김 명상 개념의 기초가 되는 경전은 바로 마음챙김 수트라입니다. 팔리어로는 사띠빳타나 숫타라고 불리며, 마음챙김의 본질을 설명하는 중요한 가르침을 담고 있습니다.

마음챙김이란 우리의 감각을 통해 들어오는 모든 정보를 온전히 알아차리는 경험을 의미합니다. 동양 전통에서는 인간이 본래 여섯 가지 감각을 지니고 태어난다고 합니다. 우리가 흔히 알고 있는 오감(시각, 청각, 후각, 미각, 촉각)에 더해, 여섯 번째 감각인 '생각'이 포함됩니다. 이 생각이라는 감각은 마음챙김 수행과 명상에서 가장 두드러지게 나타납니다. 우리의 뇌는 본래 생각을 만들어내도록 설계되어 있으며, 생각은 뇌의 자연스러운 산물입니다. 그래서 명상 중 특정 대상에 집중하려 할 때도 뇌는 계속해서 다양한 생각을 만들어냅니다. 마음챙김 명상은 바로 이러한 생각과의 관계를 변화시킵니다. 우리는 떠오르는

둘째 날

생각을 즉각 반응하거나 해결해야 할 사실이나 사건으로 보는 대신, 그것을 단순한 감각 정보로 받아들이는 법을 서서히 배우게 됩니다. 물론 생각은 중요한 정보를 담고 있지만, 본질적으로는 사과의 맛을 보거나 모차르트 교향곡을 듣는 경험보다 더 특별하거나 중요하지 않습니다. 이는 쉽게 받아들이기 어려운 개념일 수 있습니다. 생각은 마치 현실을 정확하게 반영하는 것처럼, 그 자체가 진실이라고 믿게 만들기 때문입니다. 그러나 어떤 생각이 떠올랐다고 해서 그것이 반드시 사실이거나 중요한 것은 아닙니다.

생각이 어떻게 교묘히 우리를 속여 사실이 아닌 것을 사실처럼 믿게 하는지 예를 들어 보겠습니다. 친구에게 생일 모임에 초대하는 문자를 보냈다고 상상해 보세요. 그 친구는 평소 문자에 바로 답장을 하는 편인데, 몇 시간이 지나도록 답이 없습니다. 밤이 되어 잠자리에 들 때쯤이면, 여러분은 이미 친구가 오기 싫어서 적당한 핑계를 찾고 있다고 믿게 되고, 마음에 상처까지 받습니다. 그런데 다음 날 아침 눈을 떠 보니 친구에게서 이런 문자가 와 있습니다. "미안, 어제 폰이 고장 나서 이제야 봤네. 당연히 가지. 그날 보자!"

어떤 생각이 떠올랐다고 해서 그것이 반드시 사실은 아닙니다. 마음챙김 명상을 통해 우리는 생각의 본질을 이해하게 되고, 더 중요한 것은 '나는 내 생각이 아니다'라는 사실을 깨닫게 됩니다. 이것이 너무 당연한 이야기처럼 들릴 수도 있지만, 잠시 자신에 대해 갖고 있는 부정적인 생각들―예를 들어 체중, 지능, 직업적 성공에 관한 생각들을 떠올려 보세요. 대부분의 사람과 마찬가지로 여러분 역시 자신에 대한 부정적인 생각을 오랫동안 반복해왔을 것입니다. 마음챙김 교사인 오라 나드리치는 저서 『누가 그래?』에서 우리가 어떻게 생각에 사로잡혀 살아가는지 설명하며, 마음챙김을 통해 부정적이고 두려움에 기반한 생각을 생산적이고 힘이 되는 생각으로 바꾸는 방법을 제시합니다.

우리는 종종 부정적인 생각들—예를 들면, "5킬로는 빼야 해", "나는 팀장이 될 만한 능력이 없어", "내 배우자는 나에게 과분해"—을 당연한 사실로 받아들이고, 그 타당성을 의심조차 하지 않습니다. 이런 부정적인 생각을 오랫동안 반복하다 보면, 어느새 그런 생각을 진실로 받아들이고 자신과 동일시하게 됩니다. 그래서 자신이 정말로 과체중이거나 부족한 사람이라고 여기게 되는데, 사실 이는 그저 자신에 대한 하나의 생각일 뿐이며, 객관적인 현실과는 거리가 있을 수 있습니다.

여러분은 자신의 생각 그 자체가 아니라, 그 생각을 하는 존재입니다. 마음에 떠오르는 모든 생각을 행동으로 옮길 수는 없으며, 건강하고 균형 잡힌 삶을 살기 위해서는 믿거나 따르지 말아야 할 생각도 많습니다. 마음챙김 명상은 어떤 생각이 자신에게 도움이 되는지, 또 어떤 생각이 해로워서 흘려보내야 하는지를 구별하도록 도와줄 것입니다.

마음챙김 명상에서는 지금 이 순간 경험하는 모든 감각과 생각을 있는 그대로 알아차리는 연습을 합니다. 이렇게 명상을 지속하다 보면, 현재 순간의 다양한 측면을 동시에 관찰하는 능력이 점차 길러집니다. 이 과정에서 어떤 기대나 판단 없이 모든 것이 자연스럽게 흘러가도록 허용하는 법을 배우게 됩니다. 열린 알아차림 명상의 핵심은 모든 것을 있는 그대로 허용하는 것입니다. 우리는 본능적으로 불편하거나 마음에 들지 않는 것이 있으면 즉시 그것을 바꾸거나 개선하고 싶어 합니다. 하지만 명상하는 동안만큼은 그런 충동을 최대한 내려놓고 모든 것을 그저 있는 그대로 두는 것이 중요합니다.

예를 들어, 날씨가 좋고 조용해서 바깥에서 명상을 하기로 했다고 가정해 봅시다. 그런데 막상 명상을 시작하자 자동차 소리가 들리고 이웃집 개가 짖기 시작합니다. 이때 가져야 할 마음가짐은 자동차가 지나가든 개가 짖든, 상황이 달라지기를 바라지 않고 모든 것을 있는 그대로 받아들이고 허용하는 것입니다. 물론 순간적으로 "저 개가 좀 조용히 하면 안 되나?" 같은 생각이 떠오를 수도 있지만, 명상하는 동안에는 그런 생각을 따라가거나 거기에 집착하지 않고 그저 흘려보내는 연습을 해야 합니다. 자동차 소리나 개 짖는 소리도 명상을 방해하는 것이 아니라 오히려 명상의 일부가 될 수 있습니다. 물론 명상은 안전하고 방해받지 않는 장소에서 하는 것이 바람직하지만, 어떤 명상 수행에서든 중요한 것은 외부 환경의 변화까지도 받아들이는 태도입니다. 그저 관찰하고, 경험하고, 모든 것을 있는 그대로 허용하세요.

열린 알아차림 명상을 하면 마음을 스쳐 지나가는 생각들을 더욱 분명하게 알아차릴 수 있습니다. 연구에 따르면 사람은 하루 평균 3만 개에서 7만 개에 이르는 생각을 한다고 합니다. 열린 알아차림을 통해 우리는 이 수많은 생각이 자연스럽게 흘러갈 수 있도록 더 넓은 마음의 '공간'을 만들어줍니다. 이렇게 꾸준히 연습하다 보면, 평소 자신이 어떤 생각을 하는지 더욱 선명히 알게 될 것입니다.

얻을 수 있는 것

첫째 날에는 하나의 특정한 대상, 즉 호흡에 주의를 기울이는 연습을 했습니다. 오늘은 그 주의를 지금 이 순간의 경험 전체로 확장하는 연습을 하겠습니다. 주의를 빛에 비유하자면, 특정 대상에 집중하는 것은 한 지점에 스포트라이트를 비추는 것과 같습니다. 반면 열린 알아차림 명상에서는 촛불의 은은한 빛이 사방으로 퍼져 나가듯이, 우리의 주의 역시 한곳에 머무르지 않고 모든 방향으로 부드럽게 퍼져 나갑니다. 이렇게 우리 주변으로 넓게 확장되어 나가는 주의의 영역을 '알아차림의 공간'이라고 부릅니다.

알아차림의 공간이란 우리의 감각을 통해 들어오는 모든 정보의 총합입니다. 열린 알아차림 명상을 통해 이 공간을 열어 놓으면, 평소 무심히 지나쳤던 미세한 감각들, 즉 주변 공기의 온도나 바닥에서 나는 희미한 삐걱거림까지도 자연스럽게 알아차리게 됩니다. 모든 것을 그저 있는 그대로 알아차리고 허용하면, 무언가를 통제하거나 바꾸려는 충동에서 자연스럽게 벗어나게 됩니다. 하지만 이는 억지로 자신을 수용하도록 강요하거나 수동적으로 모든 것을 받아들이라는 의미는 아닙니다. 오히려 그 반대로, 어떤 행동이나 결정을 내리기 전에 열린 마음으로 가능한 모든 정보를 받아들이도록 허용하는 연습입니다. 여기서 중요한 개념은 '허용'입니다. 감각 정보를 애써 붙잡으려 하지 않고 그저 편안히 허용하면 알아차림의 공간은 저절로 넓어집니다.

우리가 현재 일어나고 있는 일을 받아들이지 못하고 저항할 때, 우리 몸은 마치 불편하거나 위협적인 일이 닥칠 것처럼 본능적으로 긴장하고 방어 태세를 갖춥니다. 그러면 마음은 즉각적으로 '이 상황이 어떻게 달라져야 하는지' 또는 '어떻게 바뀌어야 더 좋을지' 생각하기 시작합니다. 반면 현재의 경험을 열린 마음으로 받아들일 때는 그 상황에 대한 호기심이 생기고 미지의 것조차 기꺼이 맞이할 수 있게 됩니다. 그렇게 하면 몸의 긴장이 풀리고 더 편안해지며, 자신이 경험하는 것을 더욱 깊이 이해하고 배울 수 있는 여유가 생깁니다. 열린 마음으로 바라볼 때 우리는 상황에 대한 다양한 관점과 더 많은 가능성을 발견하게 됩니다.

열린 알아차림 명상은 모든 것을 있는 그대로 보고, 있는 그대로 받아들이는 힘을 길러줍니다.

이 명상을 꾸준히 실천하면 다음과 같은 능력을 기를 수 있습니다.

관점의 확장 열린 알아차림 명상을 통해 우리는 한 가지 대상에 집착하거나 좁은 시각에 갇히지 않고, 주변에서 동시에 일어나는 다양한 일들을 폭넓게 인식할 수 있게 됩니다. 이렇게 인식의 폭이 넓어지면 자신이 가진 편견이나 고정관념에서 벗어나, 일상에서 마주하는 상황을 더 큰 맥락 속에서 이해할 수 있게 됩니다.

분별력 열린 알아차림 명상은 우리가 처한 순간을 더 깊이 이해하도록 도와줍니다. 어떤 상황에서든 더 많이 알수록 충분한 정보를 바탕으로 더 나은 결정을 내릴 수 있게 됩니다. 알아차림을 꾸준히 실천하면, 현재 상황을 더 넓은 관점에서 바라보고 이해하는 분별력을 기를 수 있

습니다. 이러한 분별력이 길러지면 어떤 생각을 받아들이고 어떤 생각
은 흘려보내야 하는지, 또 주어진 상황에서 자신에게 가장 적절한 선
택은 무엇인지 명확히 알 수 있게 됩니다.

내면의 창의성 깨우기 로널드 알렉산더 박사는 저서『지혜로운 마음,
열린 마음』에서 마음챙김 명상이 우리의 내면 깊숙이 자리한 창의성
을 어떻게 일깨우고, 무한한 가능성을 향한 열린 사고방식을 어떻게
기를 수 있는지 다양한 방법을 제시하고 있습니다.

자기 이해와 더 나은 의사결정 우리 모두의 내면에는 다양한 모습이 존
재합니다. 자신의 생각을 관찰하는 연습을 하다 보면, 스스로에게 어
떻게 말하고 있는지, 어떤 생각을 주로 하는지 더 잘 알아차릴 수 있게
됩니다. 이렇게 자기 이해가 깊어지면 나중에 후회할 말이나 행동을
하기 전에 스스로 멈출 수 있는 힘이 생깁니다.

삶의 변화와 개선 있는 그대로 관찰하는 연습을 통해 자신에게 도움이
되지 않는 생각이나 행동을 알아차리고 바꿀 수 있는 기회를 얻을 수
있습니다. 마음속에서 어떤 생각이 떠오를 때, 그것이 정말 내 진심인
지 아니면 단지 습관적이고 자동적인 반응인지 구분할 수 있게 됩니
다. 이렇게 생각을 명확히 인식하게 되면, 습관적으로 반복하던 생각
들을 더 긍정적이고 건강한 방향으로 바꿀 수 있습니다.

스트레스 감소 마음챙김 명상은 스트레스로 인한 신체적 증상을 줄이
는 데 탁월한 효과가 있는 것으로 입증되었습니다. 스트레스가 거의

모든 건강 문제와 질병을 악화시킨다는 사실은 이미 의학계에서도 잘 알려져 있습니다. 마음챙김 명상을 통해 근육 긴장이나 스트레스 호르몬 수치 같은 스트레스 반응을 낮춤으로써, 건강 전반에 미치는 부정적인 영향을 완화할 수 있습니다.

우울증 감소와 행복감 증진 수많은 연구에서 마음챙김 명상이 우울증 치료에 매우 효과적이며, 특히 무기력감이나 수면의 질 저하 같은 우울 증상을 완화하는 것으로 나타났습니다. 아울러 행복감과 즐거움을 증가시키는 효과도 입증되었으며, 실제로 마음챙김 훈련을 받은 후 일상에서 더 자주 웃게 되었다는 연구 결과도 있습니다.

준비물

오늘 명상을 위해 필요한 것은 다음과 같습니다.

- 등을 편안하게 세우고 앉을 수 있는 의자나 방석

- 방해받지 않을 조용한 장소 (예: 누군가 갑자기 들어올 염려가 없는 곳)

- 타이머 (스마트폰 사용 시 방해받지 않도록 비행기 모드나 무음으로 설정)

- 명상 노트와 필기도구

시작하기

오늘의 명상은 앉거나 서서 진행할 수 있습니다. 좌우 균형을 맞춰 몸의 무게가 편안하게 분산되도록 하세요. 앉는 경우 첫째 날 소개된 손 모양(무드라)을 쓰지 않고 손을 무릎이나 허벅지 위에 편안하게 올려놓으세요. 서서 진행할 경우에는 팔을 몸 옆에 자연스럽게 내려놓으세요.

첫째 날에 소개한 자세의 핵심은 다음과 같습니다.

1. 편안하게 앉으세요.
2. 하지만 잠들 정도로 너무 편해서는 안 됩니다.

   오늘은 여기에 한 가지가 추가됩니다.

3. 앉거나 서 있을 때 등을 곧게 펴되, 긴장하지 말고 편안한 자세를 유지하세요.

흔히 명상을 그저 긴장을 풀고 몸을 이완하는 방법으로만 생각하는 경우가 많습니다. 하지만 하버드 의대 심리학 교수이자 불교학자인 다니엘 브라운에 따르면, 명상의 진정한 목적은 마음을 집중시키고 훈련하는 데 있으며, 몸이 지나치게 편안하면 오히려 마음이 이리저리 떠돌게 되어 명료한 집중 상태에 이르기 어렵다고 합니다. 따라서 명상할 때는 등을 곧게 펴고 앉거나 서서 정신을 또렷하게 유지하는 것이 중요합니다.

명상을 하다 보면 몸에서 일어나는 미세한 변화들을 느낄 수 있을 것입니다. 예를 들어, 불쾌한 소리가 들리면 어깨가 긴장되거나, 점점 더 깊이 이완되면서 호흡이 미묘하게 달라지거나, 방의 온도가 바뀌면서 피부에 서늘한 느낌이 들 수도 있습니다. 오늘 명상에서는 이러한 모든 감각을 동시에 부드럽게 알아차리는 열린 주의를 유지하는 연습을 합니다.

명상을 시작하기 전에 전체 가이드를 끝까지 읽어 보세요. 가급적 내용을 미리 숙지하여 명상 도중 흐름이 끊기지 않도록 하는 것이 좋습니다.

열린 알아차림 명상

명상을 시작하기 전에

1.   방해받지 않고 앉거나 서서 명상할 수 있는 조용한 장소를 찾으세요.

2.   잠시 시간을 들여, 명상하는 동안 가능한 한 움직이지 않고 편안하게 유지할 수 있는 자세를 잡으세요.

3.   의도를 정하세요. "나는 앞으로 5분 동안 명상을 하며, 주변에서 일어나는 소리, 느껴지는 몸의 감각, 떠오르는 생각과 감정을 알아차리겠습니다. 이 5분 동안은 모든 것을 있는 그대로 허용하겠습니다."

명상 시작하기

1.   타이머를 5분으로 맞추세요.

2.   눈을 부드럽게 감으세요.

3.   숨이 들어오고 나갈 때 폐가 팽창하고 수축하는 것을 느껴 보세요.

4.   피부 표면의 감각을 알아차리며, 방 안의 공기를 느껴 보세요.

5.   주의를 머리 위쪽 공간으로 가져가 그곳에서 들리는 소리나 움직임을 알아차리세요.

6. 이번엔 주의를 몸 아래쪽으로 옮겨서 몸이 방석이나 바닥에 닿는 느낌을 알아차리세요. 바닥에서 미세한 진동이 느껴지는지도 살펴보세요.

7. 몸은 편안히 유지한 채, 주의를 앞쪽 공간으로 가져가 감각이 닿는 가장 먼 곳까지 알아차리세요.

8. 다음엔 주의를 오른쪽으로 옮겨서 그곳에서 들리는 소리나 움직임을 알아차리세요.

9. 이제 주의를 뒤쪽 공간으로 옮겨서 방 전체를 채우고, 방 너머까지 확장해 보세요. (벽 너머에서 들리는 소리가 있나요?)

10. 이번엔 주의를 왼쪽으로 옮겨서 그곳에서 들리는 소리나 움직임을 알아차리세요.

11. 마지막으로 주의가 부드러운 빛처럼 사방으로 퍼져 나간다고 상상하며, 모든 방향을 동시에 알아차리세요. 그저 이 순간을 있는 그대로 관찰하기만 하면 됩니다.

12. 마음이 떠돌면, 주의를 팽창하고 수축하는 호흡으로 다시 가져온 다음, 거기서부터 사방으로 주의를 확장하세요.

마무리하기

명상을 마칠 때는 천천히, 부드럽게 마무리하는 것이 좋습니다. 눈을 뜨기 전에 몸을 천천히 움직이거나 가벼운 스트레칭을 할 수도 있고, 짧은 기도를 하거나 오늘 하루를 위한 다짐(예: "이제부터 활기차고 기분 좋은 하루를 보내겠습니다")을 마음속으로 되새길 수도 있습니다. 어떤 방식이든 자신에게 가장 자연스럽게 느껴지는 방법으로 마무리하세요. 중요한 것은 서둘러 끝내지 않고, 명상에서 일상으로 천천히 전환하는 시간을 갖는 것입니다. 이렇게 명상을 의식적으로 마무리하면, 명상 중에 얻은 평온함과 명료함, 열린 마음의 효과가 일상 속에서도 더욱 오래 지속될 수 있습니다.

이 장의 끝에 마련된 공간에 오늘의 명상 경험을 기록해 보세요. 권장된 5분보다 더 오래 명상을 했다면, 실제로 수행한 시간을 적어두는 것도 좋습니다.

시간 여유가 있다면 명상 노트에 다음 질문에 대한 답을 적어 보세요.

- 명상 도중 특별히 기억에 남거나 두드러지게 떠오른 생각이나 기억이 있었나요?

- 예상하지 못했던 소리나 느낌 등 놀라웠던 감각이 있었나요?

- 오늘의 열린 알아차림 명상은 어제의 앉아서 하는 호흡 알아차림 명상과 비교해 어떤 점이 달랐나요?

더 깊이 들어가기

10분 (또는 그 이상) 명상하기

앞서 진행한 명상을 5분 대신 10분으로 해 보세요. 10분이 지난 후에도 계속하고 싶다면 원하는 만큼 계속해도 좋습니다. 장기적으로 꾸준히 명상하려면 20~40분 정도 하는 것이 좋습니다.

일상 속에서 더 깊이 실천하기: 마음챙김 체크인

직장에서 마음챙김 체크인 일을 하다가 잠시 멈추고 주변을 천천히 둘러보며, 자신이 있는 공간을 의식적으로 느껴 보세요. 주변의 모든 방향을 천천히 스캔하며, 사방에서 들어오는 다양한 감각들을 있는 그대로 알아차려 보세요.

식사 중 마음챙김 체크인 식사하는 동안 음식의 냄새, 맛, 소리, 그리고 그 순간 떠오르는 생각이나 느낌들을 알아차려 보세요.

시장이나 마트에서 마음챙김 체크인 평소 자주 가는 시장이나 마트에 갔을 때 잠시 멈춰서 주변의 온도, 냄새, 흘러나오는 음악, 그리고 주위에서 오가는 대화 소리까지 알아차려 보세요.

어디서든 마음챙김 체크인 어디에 있든 하루 중 가능할 때마다 잠시 눈을 감고 주변을 조용히 느껴 보는 시간을 가져 보세요. 현재 있는 공간에서, 바로 그 순간에 온전히 머물러 보세요. 모든 것을 있는 그대로 받아들이세요.

체크인 기록하기

- 어디에서 마음챙김 체크인을 해 보았나요?

- 이전에는 미처 알아차리지 못했던 소리, 냄새, 혹은 다른 감각들이
  있었나요?

- 마음챙김 체크인을 하는 동안 어떤 생각들이 떠올랐나요?

추천 도서

『사띠빳타나 숫타 강설』(Satipatthana Sutta Discourses), S. N. 고엔카

『누가 그래?』(Says Who?), 오라 나드리치

『지혜로운 마음, 열린 마음』(Wise Mind, Open Mind), 로널드 알렉산더

『있는 그대로』(As One Is), 지두 크리슈나무르티

『위대한 길을 가리키다』(Pointing Out the Great Way), 다니엘 브라운

기록 : 2일 차

날짜 : ....   시간 : ....

명상 시간 : ....

자세 : ....

사용한 무드라(있다면) : ....

명상하면서 느낀 점을 간단히 표현해 주세요(예: 쉬움, 어려움, 편안함, 지루함 등) :

....

....

....

....

....

....

....

....

....

마음챙김 관찰 명상

명상 길이: 10분

무엇인가요?

마음챙김 관찰 명상은 눈을 뜨고 하는 명상으로, 일상에서 흔히 볼 수 있는 사물을 선택해 시선을 고정한 채 부드럽게 응시하는 것입니다. 이 명상은 몸과 마음을 고요히 유지하는 연습이자, 평범한 사물을 마치 처음 보는 것처럼 새롭게 바라보는 연습이기도 합니다(초심자의 마음과 비슷합니다). 고대 요가의 응시 명상인 '트라타카'에서도 대상에 대한 시선을 분명하게 유지하되, 억지로 힘을 주거나 애쓰지 않는 것이 중요하다고 강조합니다. 애써 집중하거나 노력할 필요는 없습니다. 그저 선택한 대상 위에 자신의 주의를 가만히 얹어두기만 하면 됩니다.

첫째 날에는 지금 이 순간에 집중하는 연습으로, 호흡에 주의를 기울이는 명상을 했습니다. 오늘은 호흡 대신, 주변에서 쉽게 볼 수 있는 사물 하나를 골라 주의를 기울일 것입니다. 오늘 명상은 눈을 뜬 상태에서 진행합니다.

둘째 날에는 더 넓은 시각으로 세상을 바라보는 연습을 했습니다. 오늘 명상에서도 같은 능력을 활용하여, 익숙한 사물을 새롭게 바라볼 것입니다. 스마트폰이나 컴퓨터처럼 복잡한 기기든, 촛불이나 숟가락처럼 단순한 물건이든, 우리가 매일 접하는 사물은 모두 누군가의 손길을 거쳐 디자인되고, 개발되고, 만들어져 우리에게 전달되었습니다. 또한, 이를 만들기 위해 수많은 재료가 채취되고, 가공되고, 정제되어 비로소 우리가 사용하는 형태가 되었습니다. 오늘 명상을 통해 우리가 응시하는 대상에는 눈에 보이는 것 이상의 많은 이야기가 담겨 있다는 것을 깨닫게 될 것입니다.

마음챙김 관찰 명상을 하면 내가 바라보는 대상을 더욱 분명하게 인식할 수 있게 됩니다. 이 명상은 사물을 분석하는 것이 아니라, 눈앞의 대상을 긴장을 풀고 깊이 들여다보는 능력을 키우는 연습입니다. 이러한 연습은 마음속에 본래 있는 호기심과 탐구심을 일깨워줍니다. 고대 경전인 파탄잘리의 『요가 수트라』에서는 이렇게 이완된 상태에서 집중하는 능력을 기르면, 훈련되지 않은 마음으로는 닿기 어려운 보편적인 지혜를 이해하고 받아들이는 고차원적인 정신 능력이 향상된다고 합니다.

오늘의 명상 연습에서는 편안한 자세로 앉아 눈을 뜬 채, 명상의 대상으로 삼은 물건을 부드럽게 관찰할 것입니다. 이 물건을 집어 들거나 만지지 않고, 그저 시선이 자연스럽게 대상 위에 머물도록 합니다.

첫째 날 명상에서는 호흡에 집중하다가 주의가 흩어지면 그것을 알아차리고 다시 호흡으로 주의를 되돌렸습니다. 오늘 하는 마음챙김 관

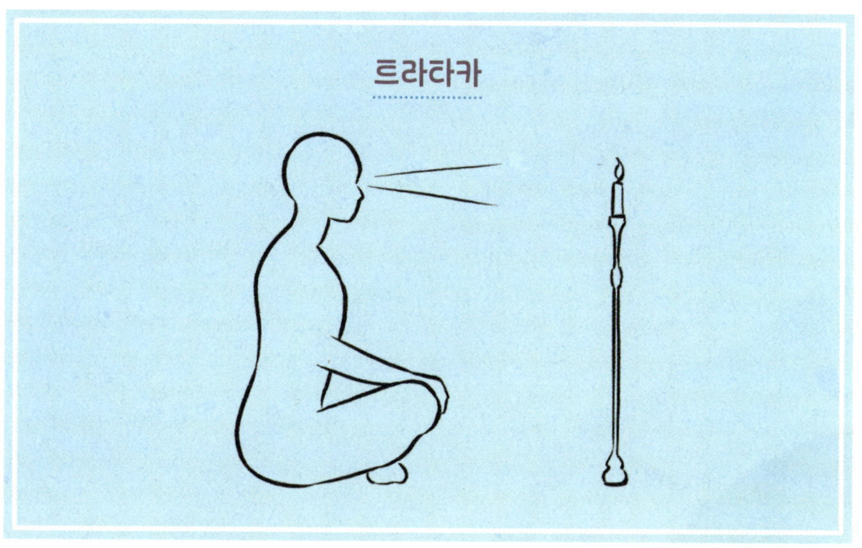

찰 명상에서도 같은 방식으로 진행됩니다. 대상에 시선을 고정하고 바라보다가 시선이 다른 곳으로 흩어지면, 부드럽게 다시 원래의 대상으로 시선을 돌리면 됩니다.

얻을 수 있는 것

세계의 여러 문화권에서는 눈을 뜨고 수행하는 다양한 명상법이 있습니다. 촛불을 응시하거나, 힌두교를 비롯한 여러 종교에서 사용하는 만다라 또는 얀트라(우주의 조화와 에너지를 나타낸 신성한 도안), 기독교와 카발라에서 사용하는 신성한 문자와 신비로운 단어를 바라보는 명상이 있습니다. 또한 인도의 탄트라 전통이나 하와이 원주민의 영적 수행처럼, 서로의 눈을 마주 바라보며 내면을 깊이 들여다보는 '소울 게이징'과 같은 명상도 있습니다.

마음챙김 관찰 명상은 다른 마음챙김 명상들과 마찬가지로 자기 인식을 높이고, 스트레스를 줄이며, 우울과 불안 증상을 완화하는 데 도움이 됩니다. 현재 눈을 뜨고 하는 응시 명상인 '트라타카'에 대한 임상 연구가 진행 중이며, 시력의 자연스러운 회복, 기억력 향상, 불안 감소, 자신감과 인내력 증가 등 고대부터 전해지는 효과들을 과학적으로 검증하고 있습니다. 또한 명상 중 눈의 응시 방향이 명상에 어떤 영향을 미치는지에 대한 연구도 진행되고 있습니다.

마음챙김 관찰 명상을 꾸준히 연습하면 다음과 같은 능력을 기를 수 있습니다.

생각 알아차리기 명상 대상을 응시하는 동안에도 마음속에서는 여러 생각이 저절로 떠오를 것입니다. 마음챙김 관찰 명상은 이런 생각의 흐름을 알아차리고, 마음의 움직임을 선명하게 인식하도록 돕는 훌륭한 훈련입니다. 또한 주의가 흩어지기 시작하면 시선도 함께 흔들린다는 사실을 발견하게 될 것입니다.

집중력과 주의력 억지로 애쓰거나 긴장하지 않고도 깊이 집중할 수 있는 방법을 익히면, 업무나 오랜 시간 집중이 필요한 과제를 수행할 때 큰 도움이 됩니다.

의지력 시선이 다른 곳으로 향하려는 충동을 알아차리고 부드럽게 제

어하다 보면 의지력과 정신적 강인함이 자연스럽게 길러집니다. 이를 통해 집중하고자 하는 대상이나 진행 중인 작업에 끝까지 몰두할 수 있는 힘을 키울 수 있습니다.

스트레스 감소 모든 마음챙김 훈련이 그렇듯, 한 가지 과제에 집중할 때(예를 들어 몸을 움직이지 않고 한 지점을 부드럽게 응시할 때) 우리의 의식은 자연스럽게 다른 생각이나 걱정에서 벗어나게 된다는 것이 연구를 통해 밝혀졌습니다. 이를 통해 몸과 마음이 스트레스에서 잠시 벗어나게 되고, 혈압 상승이나 불면증과 같은 스트레스로 인한 신체적 증상을 줄이는 데 도움이 될 수 있습니다.

감사하는 마음 마음챙김 관찰 명상을 꾸준히 하면 내가 관찰하는 대상이 지닌 장점과 가치를 더 깊게 인식할 수 있게 됩니다. 단순하지만 유용한 숟가락이든, 아름다운 꽃 한 송이든, 일상에서 마주하는 사물의 가치를 더 깊이 느끼게 되면서 지금 내가 가진 것들에 대한 감사와 존중의 마음이 자라납니다. 감사하는 마음을 기르는 것이 건강에 여러 이점을 가져온다는 사실은 이미 과학적으로 증명되었습니다. 연구에 따르면, 감사함을 느낄 때 신체적·정신적 건강이 개선되고, 공감 능력과 정신적 회복력, 자존감이 높아지며 수면의 질도 향상된다고 합니다.

준비물

오늘 명상을 위해 필요한 것은 다음과 같습니다.

- 등을 편안하게 세우고 앉을 수 있는 의자나 방석

- 방해받지 않을 조용한 장소 (예: 누군가 갑자기 들어올 염려가 없는 곳)

- 타이머 (스마트폰 사용 시 방해받지 않도록 비행기 모드나 무음으로 설정)

- 명상 노트와 필기도구

- 명상에 사용할 대상 (추천 대상은 아래 시작하기에서 확인하세요)

준비물

시작하기

먼저, 명상에 사용할 대상을 선택하세요. 크리스털이나 작은 조각상처럼 자신에게 특별한 의미가 있는 물건을 선택해도 좋고, 주변에서 쉽게 찾을 수 있는 유리병, 촛불, 꽃과 같은 사물을 골라도 좋습니다. 전통적인 요가의 트라타카 명상에서는 눈높이에 맞게 제작된 긴 촛대를 사용하기도 하지만, 오늘의 명상에서는 주변에 있는 평범한 물건이면 충분합니다. 다만, 보기에 아름답고 마음이 끌리는 대상을 고르면 명상이 한층 더 즐거워질 수 있습니다.

이제 명상 대상을 올려둘 수 있는 탁자나 상자, 서랍장 등 적절한 곳을 찾으세요. 대상을 올려놓을 때는 시선이 너무 위나 아래로 향하지 않도록, 편안한 눈높이에 맞추는 것이 중요합니다. 대상이 적당한 높이에 놓이면, 그 대상의 한 지점을 정해 시선을 고정할 응시점으로 삼으세요. 마찬가지 방식으로 벽에 작은 그림이나 사진, 포스트잇 등을 눈높이에 맞춰 붙여 명상을 진행할 수도 있습니다.

명상을 시작하기 전에 전체 가이드를 끝까지 읽어 보세요. 가급적 내용을 미리 숙지하여 명상 도중 흐름이 끊기지 않도록 하는 것이 좋습니다.

마음챙김 관찰 명상

명상을 시작하기 전에

1. 방해받지 않을 곳에 앉으세요.

2. 명상 대상을 올려둘 수 있는 탁자나 상자, 서랍장 등 적절한 자리를 마련하세요. 대상은 시선이 너무 위나 아래로 향하지 않게 편안한 눈높이에 맞추세요.

3. 잠시 시간을 들여, 명상하는 동안 가능한 한 움직이지 않고 편안하게 유지할 수 있는 자세를 잡으세요. 명상 대상을 향해 편안하게 시선을 둘 수 있어야 합니다.

4. 의도를 정하세요. "나는 앞으로 10분 동안 이 대상에 편안히 주의를 기울이며 명상하겠습니다. 고요히 앉아 이 대상을 새로운 시선으로 바라보고, 마음에 떠오르는 생각들을 관찰하겠습니다. 이 10분 동안은 모든 것을 있는 그대로 허용하겠습니다."

명상 시작하기

1. 타이머를 10분으로 맞추세요.

2. 명상 대상에 편안하게 시선을 두고 응시할 지점을 정하세요.

3. 숨을 몇 번 깊게 쉬면서 몸의 긴장을 풀어주세요.

4. 몸을 편안히 고요하게 하고, 자세를 바꾸거나 움직이고 싶은 느낌이 든다면 호흡과 함께 자연스럽게 흘려보내세요.

5. 명상 대상의 크기, 색깔, 질감을 천천히 살펴보세요. 눈앞에 있는 대상의 모습이 내 의식을 가득 채우도록 하세요.

6. 이 대상을 마치 처음 보는 것처럼 새로운 시선으로 바라보세요. 이것이 무엇인지, 어디서 왔는지 전혀 모른다고 상상해 보세요.

7. 시선이 대상에서 벗어나면 원래의 응시점으로 되돌리세요. 주의가 흩어지면 잠시 호흡으로 돌아왔다가, 다시 대상으로 주의를 옮기세요.

마무리하기

명상을 마칠 때는 몸을 부드럽게 스트레칭하고 숨을 몇 번 깊게 쉬며 천천히 명상 상태에서 빠져나오세요. 특히 눈을 뜨고 하는 명상을 마친 후에는 잠시 눈을 감고 앉아 있는 것이 좋습니다. 둘째 날에도 언급했듯이, 명상을 끝낼 때 오늘 하루를 위한 의도를 설정하면 도움이 됩니다. 예를 들어, "이제 가족과 함께 하루를 보내며 인내와 감사하는 마음을 실천하겠습니다"와 같은 다짐을 할 수 있습니다. 어떤 방식이든 본인에게 가장 자연스러운 방법으로 명상을 마무리하세요. 중요한 것은 서두르지 않고 명상 상태에서 일상으로 전환하는 시간을 충분히 갖는 것입니다. 이렇게 의식적으로 명상을 마무리하면, 연습을 통해 얻은 고요함, 명료함, 열린 마음의 효과가 더 오래 지속될 수 있습니다.

잠시 시간을 내어 이 장의 끝에 마련된 공간에 오늘의 명상 경험을 기록해 보세요.

시간적 여유가 있다면 아래 질문들에 대한 답을 명상 노트에 적어 보세요.

- 어떤 대상을 선택했나요?

- 그 대상에서 가장 눈에 띄었던 특징은 무엇이었나요?

- 시선을 고정하는 것이 어려웠나요, 아니면 비교적 쉬웠나요?

- 오늘의 눈을 뜨고 하는 명상은 첫째 날과 둘째 날의 눈을 감고 하는 명상과 어떻게 달랐나요?

더 깊이 들어가기

사랑하는 사람을 대상으로 하는 명상

친구, 가족, 또는 사랑하는 사람의 사진을 한 장 고르세요. 앞서 연습한 명상과 같은 방식으로, 이번에는 그 사람의 눈을 응시하며 명상을 진행합니다. 명상을 마친 후 명상 노트에 경험을 기록해 보세요. 어떤 생각들이 떠올랐나요? 어떤 기억이 선명하게 떠올랐나요?

거울 응시 명상

거울 앞에 앉거나 서서 타이머를 5~10분으로 맞추세요. 앞서 연습한 명상 방법을 그대로 따르되, 이번에는 거울 속에 비친 자신의 눈을 응시합니다. 명상을 마친 후 명상 노트에 경험을 기록해 보세요. 어떤 생각들이 떠올랐나요? 평소와 다른 자신의 모습을 발견했거나, 자신에 대해 새로운 생각이 떠올랐나요?

일상 속에서 더 깊이 실천하기: 주변을 새롭게 바라보기

우리는 눈에 보이는 모든 것을 일일이 깊이 관찰할 수는 없지만, 이 연습을 통해 주변의 익숙한 사물에 대해 우리가 아직 알지 못하는 것이 많다는 사실을 점차 깨닫게 됩니다. 하루를 보내면서 문득 이 생각이 떠오를 때마다, 주변을 천천히 둘러보며 눈에 띄는 대상을 하나 골라 다음 문장을 마음속으로 되뇌어 보세요. "______에 대해 내가 아직 알지 못하는 것이 정말 많아." 빈칸에는 눈앞에 보이는 어떤 것이든 넣으면 됩니다.

예를 들면,

- "저 의자에 대해 내가 아직 알지 못하는 것들이 정말 많아."

- "저 문에 대해 내가 아직 알지 못하는 것들이 정말 많아."

- "저 사람에 대해 내가 아직 알지 못하는 것들이 정말 많아."

- 이 연습은 억지로 애쓸 필요가 없습니다. 그저 주변을 둘러보며 시선이 머문 대상에 대해 아직 알지 못하는 것이 정말 많다는 사실을 알아차리기만 하면 됩니다. 하루 동안 이 연습을 통해 주변 사람, 장소, 사물을 새로운 시선으로 바라보는 열린 마음을 키울 수 있습니다.

추천 도서

『빠딴잘리의 요가쑤뜨라』, 스리 스와미 싸치다난다
『기적 수업』, 내면의 평화 재단
『황금비율』, 마리오 리비오
『규범을 깨라』, 찬드레시 바르드와지
『하와이 신비주의의 기초』, 샬럿 버니

기록 : 3일 차

날짜 : ....   시간 : ....

명상 시간 : ....

자세 : ....

사용한 무드라(있다면) : ....

명상하면서 느낀 점을 간단히 표현해 주세요(예: 쉬움, 어려움, 편안함, 지루함 등) :

....

....

....

....

....

....

....

....

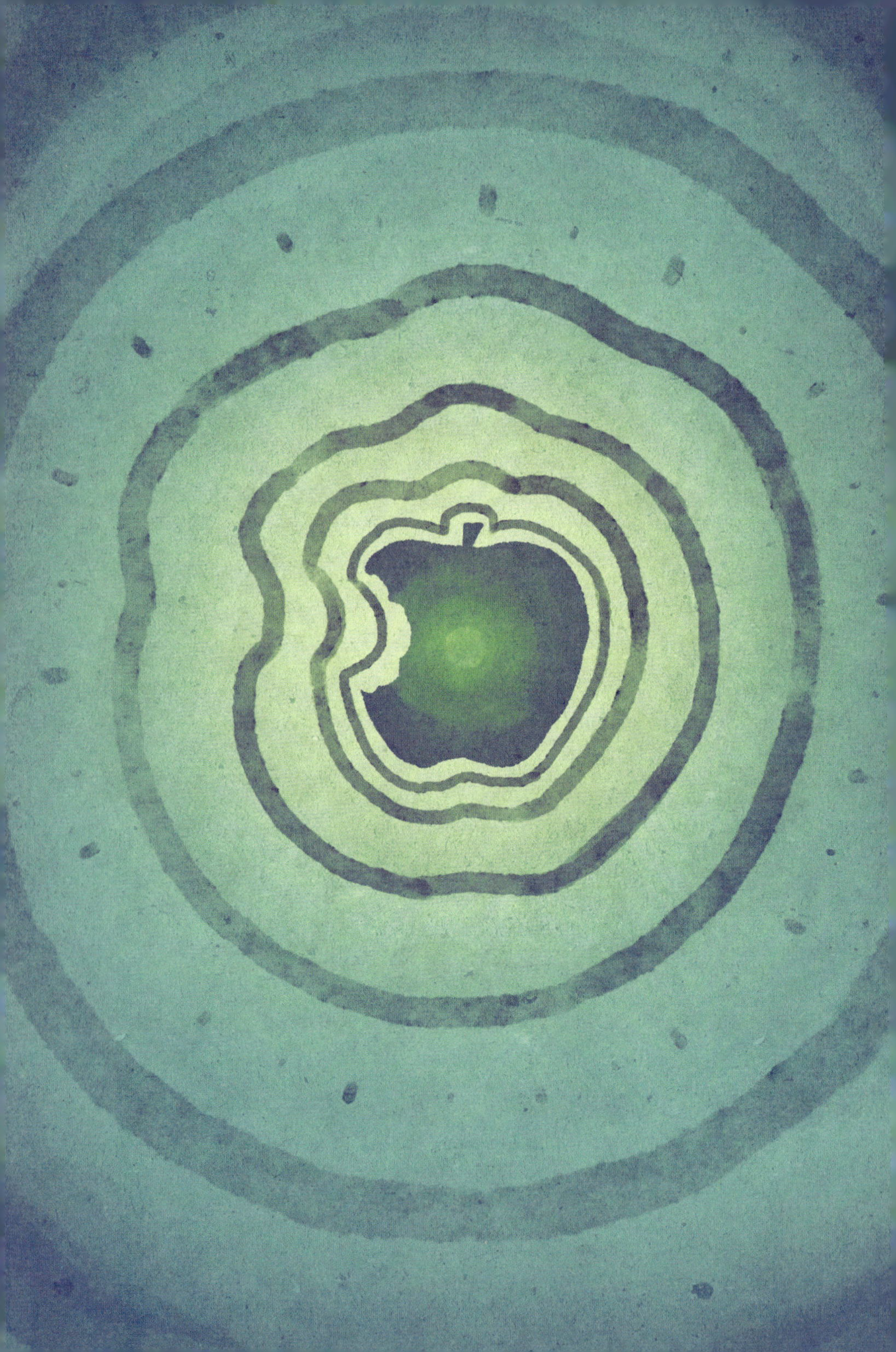

마음챙김 먹기 명상

명상 길이: 10분

무엇인가요?

마음챙김 먹기란 먹는 행위에 온전히 집중하는 명상법입니다. 우리는 하루에도 여러 번 음식을 먹지만, 정작 먹는 행위 자체에는 주의를 기울이지 않을 때가 많습니다. TV나 스마트폰을 보거나 누군가와 대화하면서 무심코 음식을 입에 넣곤 합니다.

이렇게 무의식적으로 먹다 보면 때로 위험한 상황이 생기기도 합니다. 운전하면서 먹는 것이 대표적인 예입니다. 실제로 미국 도로교통안전국의 조사에 따르면, 교통사고의 약 80%가 운전 중 음식 섭취와 관련이 있고, 사고가 날 뻔한 아찔한 상황의 65% 역시 먹거나 마시느라 주의가 분산되어 발생했다고 합니다.

마음챙김 먹기는 단순히 천천히 씹거나 조금씩 먹는 것이 아닙니다. 언제, 어떻게, 무엇을 먹는지 먹는 과정 전체를 아우릅니다. 음식을 보고, 냄새 맡고, 만지고, 맛보는 매 순간의 경험에 세밀하게 주의를 기울이는 연습입니다. 이를 통해 지금 먹고 있는 음식을 진정으로 음미하게 됩니다. 여기에는 첫째 날에 배운 집중력이 필요합니다. 오늘 명상에서는 이 집중력을 음식을 먹는 전 과정에 적용해 볼 것입니다.

둘째 날에 배웠듯이, 의식적으로 주의를 기울이면 일상의 어떤 활동도 명상이 될 수 있습니다. 특히 먹는 행위는 여러 감각이 동시에 작용하는 복합적인 경험인데도 대부분 무의식적으로 이루어지기 때문에, 마음챙김을 연습하기에 매우 좋습니다. 먹는 과정에 주의를 기울이면 평소에는 느끼지 못했던 새로운 감각의 세계가 열립니다.

우리가 음식을 먹는 이유는 영양 섭취뿐만 아니라 맛과 즐거움을 위해서이기도 합니다. 특히 즐거움을 위해 먹을 때는 실제 몸의 필요와 상관없이 습관적으로 먹게 되기 쉽습니다. 이럴 때에도 마음챙김 먹기를 통해 음식을 천천히 맛보고 세심하게 음미하면, 평소보다 훨씬 더 풍부하고 깊은 즐거움을 경험할 수 있습니다.

예를 들어, 저희 어머니는 수제 초콜릿을 만드는 쇼콜라티에였습니다. 사업을 준비하면서 캐러멜과 초콜릿 트러플의 새로운 레시피를 자주 실험하셨는데, 그 과정에서 완벽하지 않다고 판단한 초콜릿은 가족들에게 주셔서 우리는 늘 기쁘게 받아먹곤 했습니다. 어머니는 레시피 실험이 끝나면 초콜릿 트러플을 반으로 잘라 색깔과 질감, 필링 상태를 세심하게 살폈습니다. 그런 다음 작은 조각을 베어 물고 눈을 감은 채 혀로 천천히 질감을 음미하며, "질감이 너무 거칠다"거나 "필링이 너무 시다"고 말씀하셨습니다. 우리는 어머니가 주시는 초콜릿을 급히 먹어치우기 바빴지만, 마음챙김으로 단련된 어머니의 섬세한 미각은 우리가 놓친 미묘한 차이까지 잡아내며 더 완벽한 초콜릿을 만들어내셨습니다.

얻을 수 있는 것

제가 사는 로스앤젤레스 근처의 명상 센터에서 '마음챙김 와인 시음 워크숍'을 진행한 적이 있는데, 그때 흥미로운 사실을 알게 되었습니다. 사람들이 자신이 마시는 와인에 대해 배우고 그 맛과 향을 천천히 음미할수록 음주량이 자연스럽게 줄어든다는 것이었습니다. 또한 일부 참가자들은 알코올의 영향을 평소보다 훨씬 더 민감하게 느끼기도 했습니다. 평소 저녁 식사 때 와인을 두 잔씩 마시던 한 참가자는 마음챙김 와인 시음에서는 겨우 3분의 1잔만으로도 충분히 만족스러웠다고 말했습니다.

다시 말해, 마음챙김 먹기(그리고 마음챙김 음주!)를 실천하면 다음과 같은 효과를 얻을 수 있습니다.

자신에게 필요한 음식의 양을 인식하는 능력 『미국 임상영양학회지』에 실린 연구에 따르면, 주의를 기울여 먹으면 섭취량이 줄어드는 것으로 나타났습니다. 반면, 영상을 보거나 다른 활동을 하면서 먹으면 더 많은 양을 먹게 되는 경향이 있었습니다.

내가 먹는 이유 알아차리기 마음챙김 먹기를 실천하면 자신이 왜 먹으려 하는지, 그 순간 어떤 생각과 감정이 일어나는지 더 명확히 알 수 있습니다. 오늘날 많은 사람들이 실제로 배가 고프지 않아도 불편한 감정을 피하거나 달래기 위해 음식을 먹곤 합니다. 이것이 바로 흔히 말하는 '감정적 허기'입니다. 마음챙김 먹기는 이러한 감정적 허기를 알아차리고, 진짜 배고픔과 구분하도록 도와줍니다.

식사 만족감 증가 마음챙김 먹기를 실천하는 사람들은 식사를 더욱 즐기고, 만족감을 더 크게 느끼며, 무엇을 먹었는지 더 잘 기억하는 경우가 많습니다.

소화와 영양 흡수 향상 음식을 천천히, 충분히 씹어 먹으면 몸이 음식을 더 쉽게 처리하고 소화할 수 있습니다. 또한 손으로 음식을 직접 만지며 먹으면, 몸이 미리 음식에 대한 신호를 받아 위가 소화할 준비를 하므로 소화와 영양 흡수가 더욱 원활해진다고 합니다.

더 나은 음식 선택 습관적으로 먹을 때 우리는 무엇을, 어떻게 먹는지 스스로 통제하기 어렵습니다. 사실, 이것이 바로 습관의 본질입니다. 습관은 행동을 자동화하여 효율적으로 만들지만, 그만큼 선택의 여지가 줄어들기도 합니다. 반면, 마음챙김 먹기를 실천하면 무의식적으로 먹는 습관으로 돌아가려는 충동을 알아차릴 수 있게 됩니다. 이러한 알아차림은 더 나은 음식을 선택하는 데 도움을 줍니다.

더 건강한 식습관 급하게 먹거나 무심코 먹는 습관은 체중 증가와 제2형 당뇨병의 발병 위험을 높이는 것으로 밝혀졌습니다. 마음챙김 먹기를 실천하면 이러한 식습관을 개선할 수 있어 건강을 유지하는 데 도움이 됩니다.

준비물

오늘 명상을 위해 특별한 준비물이 필요하지는 않습니다. 바닥이나 의자 등 어디에 앉을지는 연습하는 장소(집, 직장 등)나 그날의 컨디션에 따라 정하면 됩니다. 오늘 필요한 것은 다음과 같습니다.

- 등을 편안하게 세우고 앉을 수 있는 탁자 앞의 의자
- 방해받지 않을 조용한 장소 (예: 누군가 갑자기 들어올 염려가 없는 곳)
- 타이머 (스마트폰 사용 시 방해받지 않도록 비행기 모드나 무음으로 설정)
- 명상 노트와 필기도구
- 사과나 바나나 등 간단한 과일 하나

시작하기

명상을 시작하기 전에 전체 가이드를 끝까지 읽어 보세요. 가능한 한 내용을 숙지해서, 명상 도중 다음 단계를 확인하느라 흐름이 끊기지 않도록 하는 것이 좋습니다.

마음챙김 먹기 명상

명상을 시작하기 전에

1. 함께 사는 사람이 있다면 방해받지 않고 집중할 수 있는 시간을 미리 정하세요.

2. 과일을 놓고 앉을 테이블을 찾으세요. 과일 한 개만 남기고 테이블 위의 다른 것들은 모두 치우세요.

3. 지금부터 먹을 음식에 온전히 집중할 수 있도록 잠시 시간을 들여 편안한 자세를 잡으세요.

4. 의도를 정하세요. "나는 앞으로 10분 동안 이 과일을 마음챙김하며 먹는 명상을 하겠습니다. 이 음식을 더 깊이 즐기고, 음미하며, 온전히 받아들이겠습니다."

명상 시작하기

1. 타이머를 10분으로 맞추세요.

2. 과일이 앞에 놓인 테이블에 앉으세요. 아직 과일을 집어 들지 마세요.

3. 눈으로 과일을 살펴보세요. 크기, 색깔, 모양, 세부적인 특징을 관찰하세요.

4. 잠시 과일을 관찰한 후, 손으로 과일을 집어 드세요.

5. 손으로 과일의 여러 부분을 천천히 만져 보며, 이 과일만의 질감, 무게, 온도와 같은 세부적인 특징을 느껴 보세요.

6. 코로 깊고 부드럽게 몇 번 숨을 쉬어 보세요. 과일을 손에 든 채로도 향기가 느껴지나요? 어떤 향인가요? 달콤한가요? 은은한가요? 아니면 다른 향인가요?

7. 이제 과일을 천천히 코 가까이 가져가 눈을 감고 향을 맡아 보세요. 과일의 향이 코를 스칠 때, 그것이 마음속에서 어떤 생각을 불러일으키는지, 입안에 침이 고이는 느낌까지도 알아차려 보세요. 서두르지 말고 천천히 하세요.

8. 눈을 뜨고 평소의 절반 정도 크기로 베어 물고, 다시 눈을 감으세요.

9. 씹기 전에 입안에 있는 과일 조각을 느껴 보세요.

10. 천천히 씹으세요. 다양한 질감을 느껴 보세요.

11. 다양한 맛도 느껴 보세요. 씹을수록 맛이 달라지나요?

12. 씹을 때마다 달라지는 맛과 느낌을 알아차리세요. 계속 눈을 감은 채로 입안의 감각에 집중하세요.

13. 이제 과일을 삼키세요. 삼킨 과일이 목구멍을 지나 위까지 내려가는 느낌을 따라가 보세요.

14. 계속해서 과일을 천천히, 한 입 한 입 마음챙김하며 먹으세요. 먹는 동안 주의가 흩어지면 부드럽게 마음챙김 먹기로 주의를 다시 가져오세요.

마무리하기

명상을 천천히, 마음챙김하며 마무리하세요. 잠시 시간을 내어 오늘 하루를 위한 의도를 정해보는 것도 좋습니다. 예를 들어, "오늘 하루, 내가 먹고 마시는 것을 더욱 마음챙김하며 알아차리겠습니다"와 같은 다짐을 세워 볼 수 있습니다. 이렇게 하루의 의도를 세운 후, 서두르지 말고 천천히 명상을 끝내세요.

잠시 현재의 상태를 살펴보세요. 과일을 다 먹었나요, 아니면 남아 있나요? 이번 경험을 이 장의 끝에 마련된 공간이나 명상 노트에 기록해 보세요.

다음 질문에 대해 생각해보세요.

- 과일을 처음 봤을 때 무엇이 가장 먼저 눈에 들어왔나요?

- 향이 진하게 느껴졌나요, 아니면 은은했나요?

- 먹는 동안 어떤 점을 알아차렸나요?

- 빨리 먹고 싶은 충동이 들었나요?

- 한 입 한 입 편안히 음미할 수 있었나요, 아니면 음악이나 영상 같은 다른 자극이 필요하다고 느껴졌나요?

이제 천천히 일상으로 돌아오면서, 과일을 먹은 후 몸의 상태를 살펴보세요. 우리는 종종 맛은 좋지만 영양가는 부족한 음식을 먹곤 합니다. 이런 음식은 우리 몸을 무기력하거나 더부룩하게 만들고, 때로는 탈수나 짜증을 일으키기도 합니다. 과일처럼 신선하고 영양이 풍부한 음식을 먹으면 몸에 꼭 필요한 에너지를 얻어 더욱 활기차고 건강한 일상을 보낼 수 있습니다.

더 깊이 들어가기

식사 의식 만들어 보기

- 하루에 최소 한 끼는 집에서 여유롭게 식사할 시간을 정하세요.

- 식탁을 깨끗이 정리하고, 혼자 먹더라도 정성스럽게 자리를 준비하세요. 함께 식사할 사람이 있다면 그 사람의 자리도 마련하세요.

- TV와 스마트폰 등 방해가 될 수 있는 전자기기의 전원을 모두 꺼두세요.

- 촛불을 켜거나 꽃을 놓는 등 식사 시간을 더욱 특별하게 만드는 것도 좋습니다.

- 식사를 시작하기 전에 음식과 함께하는 사람들에게 감사하는 마음을 느껴 보세요. 눈을 감고 짧은 기도를 올리거나, 마음속으로 감사의 말을 전해도 좋습니다.

- 위의 명상 가이드를 참고하여, 한 입씩 천천히 마음챙김하며 식사를 즐기세요.

- 함께 식사하는 가족이나 친구가 있다면 음식의 맛과 질감에 주의를 기울이며 대화를 나눠 보세요.

새로운 레시피 시도해 보기

명상 코치이자 셰프인 카산드라 보드작은 저서 『의도를 담은 식사』에서 마음챙김 먹기 명상과 어울리는 레시피를 소개합니다. 이 책에 나온 레시피나 마음챙김 먹기에 도움이 되는 다른 간단한 요리를 시도해 보며, 먹는 순간에 더욱 집중하고 온전히 경험해 보세요.

한 입 먹을 때마다 수저 내려놓기

먹는 속도를 천천히 늦춰 보세요. 한 입 먹을 때마다 수저를 내려놓고, 음식을 충분히 씹고 삼킨 뒤, 숨을 몇 차례 편안하게 쉬고 나서 다음 한 입을 먹습니다.

일상 속에서 더 깊이 실천하기: 하루종일 마음챙김 먹기

- 사과, 바나나, 배와 같이 간편히 먹을 수 있는 유기농 과일을 준비해 두고, 건강에 좋지 않은 간식을 대신해 보세요.

- 하루 동안 먹은 것을 모두 기록해 보세요. 칼로리를 계산하는 것이 아니라 무엇을 먹었는지 간단히 적어 보는 것입니다. 이렇게 며칠 간 기록하다 보면 내가 어떤 영양소를 충분히 섭취하고 있는지, 또는 부족한지 알 수 있습니다. 식사 전후와 식사 중에 드는 생각이나 감정도 함께 기록해 보세요.

『세이버: 당신을 구하는 붓다식 다이어트』, 틱낫한, 릴리언 정

『다이어트 시크릿』, 마리안 윌리엄슨

『마음챙김 먹기』, 잰 초즌 베이

『의도를 담은 식사』(Eat With Intention), 카산드라 보드작

『먹고 싶다면 먹어라』, 미셸 메이

기록 : 4일 차

날짜 : ....   시간 : ....

명상 시간 : ....

자세 : ....

사용한 무드라(있다면) : ....

명상하면서 느낀 점을 간단히 표현해 주세요(예: 쉬움, 어려움, 편안함, 지루함 등) :

....

....

....

....

....

....

....

....

....

"마음챙김이란 지금 이 순간 일어나는 일이 다르기를 바라지 않고 그저 알아차리는 것이다. 즐거운 순간은 붙잡으려 하지 않고 즐기며(반드시 변할 것이므로), 불편한 순간은 항상 이럴 것이라고 두려워하지 않고 함께 머무는 것이다(결코 그렇지 않을 것이므로)."

— 제임스 바라즈

감정 관찰하기 명상

명상 길이: 10분

무엇인가요?

이 명상에서 할 일은 단 한 가지입니다. 감정이 떠오를 때 '아, 지금 이런 감정이 있구나' 하고 알아차리고 받아들이는 것입니다.

이 명상은 앉은 자세에서 눈을 감고 수행합니다. 첫째 날처럼 호흡에 주의를 기울이는 것으로 시작해서, 둘째 날의 열린 알아차림 명상처럼 주의를 몸 전체로 넓혀갑니다. 이 과정에서 감정, 생각, 신체 감각을 모두 관찰합니다. 이 세 가지는 서로 밀접하게 연결되어 있어서 감정에 따라 다양한 신체 반응이 나타납니다. 간단히 말하면 '긍정적' 감정은 기분을 좋게 하고 '부정적' 감정은 불편함을 줍니다. 감정은 파도처럼 왔다가 가지만, 우리에게 큰 영향을 미친다는 것을 깨닫는 것이 중요합니다. 감정을 주의 깊게 관찰하면 순간순간 감정이 미치는 영향을 더 섬세하게 알아차릴 수 있게 됩니다. 꾸준히 연습하면 감정에 휘둘리지 않고 감정과 함께 살아가는 방법을 배우게 됩니다.

이 명상에서는 어떤 감정이 떠오르든 있는 그대로 경험합니다. 판단하거나 이야기를 만들어내거나 설명하려 하지 않고, 일어나는 것을 그저 알아차립니다. 이 과정은 생각보다 어려울 수 있는데, 특히 억눌렸던 감정이 올라올 때 그렇습니다. 우리는 보통 불편한 감정을 표현하지 말라고 배워왔습니다. 하지만 불편한 감정을 억누르거나 무시한다고 해서 사라지는 건 아닙니다. 오히려 나중에 더 좋지 않은 형태로 나타날 수 있습니다.

그럼에도 우리는 고통스러운 감정을 무디게 하거나 피하려고 쉽게 접할 수 있는 즐거움에 의존하곤 합니다. 폭식, 음주, 성적 활동, 쇼핑, 게임, SNS 사용 등 무엇이든 지나치게 몰두하면 감정을 마비시키는 수단이 될 수 있습니다. 이는 부정적 감정을 겪는 불편함에서 우리를 '보호'하는 것처럼 보이지만, 실제로는 그 감정을 억누르고 회피하게 만들 뿐입니다.

하지만 아무리 감정을 회피하려 해도, 강한 감정은 언젠가 다시 올라오기 마련입니다. 감정에 휩싸이면 쉽게 실수를 하게 됩니다. 기쁨에 들떠 있거나 분노에 휩싸여 있을 때, 나중에 후회할 결정을 내리거나 원하지 않는 말과 행동을 하기도 합니다. 그래서 오히려 감정이 강하게 올라올 때야말로 마음챙김 연습의 좋은 기회입니다. 이때 감정만 관찰하는 게 아니라, 그와 함께 떠오르는 생각과 몸의 반응까지 함께 살펴보세요. 그러면 점점 자신을 조절하는 힘이 생깁니다. 강한 감정의 파도가 밀려와도 스스로 진정시킬 수 있게 되는 것입니다.

이러한 자기 조절 능력은 타인의 감정에 지나치게 민감하게 반응하는 경우에도 도움이 됩니다. 우리는 때때로 다른 사람의 감정에 휩쓸려 그것이 마치 내 감정인 듯 느껴질 때가 있습니다. 이때 자신의 감정을 주의 깊게 관찰해 보면, 지금 느끼는 감정이 정말 내 것인지 아니면 다른 사람의 영향을 받은 것인지 구별할 수 있습니다. 이는 특히 공감 능력이 뛰어난 사람(엠패스)에게 중요한 기술입니다. 사실 대부분의 사람들이 어느 정도는 주변 사람의 감정에 영향을 받지만, 유독 민감한 사람들은 그것이 타인의 감정이라는 걸 모른 채 힘들어하기도 합니다. 그래서 자신의 감정을 관찰하는 연습은 자신이 지금 무엇을 느끼고 있는지, 그 감정을 어떻게 다스릴지 아는 데 큰 도움이 됩니다.

오늘의 '감정 관찰하기' 명상에서는 둘째 날에 소리와 생각을 알아차리되 집착하지 않았던 것처럼, 같은 태도를 감정에도 적용해 볼 것입니다. 감정이 올라올 때 몸의 감각도 함께 살펴보세요. 예를 들어, 감정이 떠오르면 "아, 지금 정말 답답하네" 또는 "초조한 마음이 드네"라고 마음속으로 메모하듯 감정을 객관적으로 바라보는 것입니다. 그다음에는 몸의 느낌도 확인해 보세요. "어깨가 뻣뻣하네", "호흡이 빨라졌구나" 하는 식으로 말이죠.

이렇게 연습하다 보면 감정과 함께 떠오르는 생각들도 점차 보이게 됩니다. 감정, 몸의 느낌, 그리고 관련된 생각들을 함께 지켜보다 보면, 지금 내 상태를 더 잘 이해하게 되고, 감정을 스스로 조절할 수 있는 힘이 생깁니다.

얻을 수 있는 것

자신의 감정과 그 흐름을 이해하면 삶에 미묘하지만 강력한 변화가 일어납니다. 감정을 관찰하는 연습을 꾸준히 하면 다음과 같은 것들을 얻을 수 있습니다.

자신의 필요를 인식하는 능력 어린아이들이 우는 이유는 자신이 무엇을 원하는지 말로 표현할 수 없기 때문입니다. 주변 어른들이 그 필요를 알아차리고 채워주길 바라죠. 어른이 되어서도 우리는 감정을 느끼지만, 그 감정이 무엇인지, 왜 그런 기분이 드는지 바로 알기 어려울 때가 많습니다. 이럴 때 자신의 감정, 감정과 함께 떠오르는 생각, 신체 감각을 마음챙김하며 관찰하면, 지금 내가 진정으로 원하는 것이 무엇인지 더 명확하게 알 수 있게 됩니다.

좋은 순간을 더 깊이 음미하기 즐거운 순간은 순식간에 지나가지만, 힘든 순간은 시간이 더디게 가는 것 같습니다. 사랑, 행복, 감사와 같은 긍정적인 감정을 느낄 때, 그 감정을 주의 깊게 관찰하면 그 순간을 더 깊이 음미할 수 있습니다. 이는 넷째 날의 '마음챙김 먹기 명상'과 비슷한 원리입니다. 맛있는 음식의 풍미를 음미하듯이, 긍정적인 감정이 주는 아름다운 순간을 더 온전히 경험하는 것입니다.

마음의 짐 내려놓기 원한이란 마음속에 쌓인 분노, 편견, 혹은 반감을 쉽게 떨쳐내지 못하는 상태를 말합니다. 이런 감정을 건강한 방식으로 해소하지 못하면 마음에 불필요한 짐이 쌓여 감정적으로 지치게 됩니다. 하지만 원한과 다른 사람에 대한 판단을 내려놓으면 그 무거운 마음의 짐에서 벗어날 수 있습니다. 이는 상대방의 잘못된 행동을 용서하거나 받아들이라는 것이 아니라, 그로 인한 고통과 부정적 감정에 대한 집착을 놓아준다는 뜻입니다. 이렇게 마음의 짐을 덜어내고 나면 새로운 경험과 가능성을 더 열린 마음으로 받아들일 수 있습니다.

자기 수용과 타인에 대한 수용 감정을 객관적으로 바라보는 연습을 하면 감정을 굳이 바꾸려 하지 않고도 자신의 감정 패턴을 더 잘 이해하게 됩니다. 이런 연습은 지금 느끼는 감정을 있는 그대로 받아들이는 데 도움을 주며, 자연스럽게 자기 수용을 키워줍니다. 또한, 자신의 감정을 더 섬세하게 알아차릴수록, 타인의 감정 또한 그 사람만의 고유한 경험임을 이해하게 됩니다. 이런 깨달음은 다른 사람의 감정적 반응에 쉽게 휘둘리지 않고, 상대를 더 여유롭고 따뜻한 마음으로 대할 수 있도록 도와줍니다.

감정 조절 능력 향상 감정을 조절한다는 것은 자신의 감정을 건강한 방식으로 표현하면서도 주변 사람들을 배려하는 것입니다. 누구나 때로는 감정적으로 과하게 반응할 수 있고, 이는 지극히 자연스러운 일입니다. 하지만 그런 순간에 자신의 감정을 마음챙김하며 관찰하면, 지금의 감정이 잠시 지나가는 경험이라는 것을 깨닫고, 더 큰 맥락에서 상황을 바라볼 수 있게 됩니다. 이를 통해 상황에 가장 적절하고 지혜롭게 반응할 수 있습니다.

스트레스 관리 능력 감정이 격해진 상태에서는 상황을 객관적으로 바라보기가 어렵습니다. 그래서 엉뚱한 곳에 화를 내거나, 필요 이상의 죄책감을 느끼기도 합니다. 하지만 감정을 주의 깊게 관찰하는 연습을 하다 보면, 내가 느끼는 감정과 그 감정에 대해 내가 스스로 만들어낸 이야기(해석이나 판단)가 서로 별개라는 사실을 깨닫게 됩니다. 이 차이를 인식하는 것은 스트레스를 효과적으로 관리하는 데 큰 도움이 됩니다.

평정심과 감정적 균형 삶에서 어려움은 피할 수 없는 법입니다. 하지만 감정을 있는 그대로 알아차리는 연습을 하면, 둘째 날 명상에서 배운 것처럼 더 넓은 시각에서 바라볼 수 있게 됩니다. 감정에 휘말려 그 '속에' 갇히는 대신, 감정을 '곁에서' 바라보는 태도를 익힐수록 마음이 더 안정되고, 보다 지혜롭고 균형 잡힌 선택을 할 수 있습니다.

준비물

오늘의 명상을 위해 필요한 것은 다음과 같습니다.

- 등을 편안하게 세우고 앉을 수 있는 의자나 방석

- 방해받지 않을 조용한 장소 (예: 누군가 갑자기 들어올 염려가 없는 곳)

- 타이머 (스마트폰 사용 시 방해받지 않도록 비행기 모드나 무음으로 설정)

- 명상 노트와 필기도구

감정은 순간순간 변합니다. 기쁜 순간에도 한 통의 나쁜 소식이 기분을 단번에 가라앉게 만들 수 있고, 슬픔이나 상실감에 빠져 있을 때도 친구나 사랑하는 사람의 한마디가 다시 미소 짓게 할 수 있습니다. 하지만 감정이 변할 때마다 즉시 반응할 필요는 없습니다. 지금 이 순간 내가 경험하는 감정에 집중하면 자동적으로 일어나는 판단, 비난, 방어적인 반응에서 벗어날 수 있습니다. 그렇게 되면 감정이 격해지는 순간에도 명확하고 지혜로운 결정을 내릴 수 있게 됩니다.

　감정과 관련된 명상을 할 때는 언제나 천천히, 자신에게 너그럽고 부드러운 태도를 가지는 것이 중요합니다. 이 명상의 목적은 트라우마나 억눌린 감정을 끄집어내는 것이 아닙니다. 오히려 지금 이 순간 내 마음 상태에 조용히 귀 기울이는 연습입니다. 감정을 판단하거나 분석하거나 설명하지 않고, 그저 있는 그대로 지켜보는 것입니다. 하지만 이는 생각보다 쉽지 않을 수 있습니다. 부정적인 감정이나 생각이 떠오르면 우리는 본능적으로 해결책을 찾거나 잘못된 것을 고치려 하기 때문입니다. 그러나 떠오르는 감정과 생각을 부드럽게 받아들이기만 해도, 내면은 자연스럽게 답을 찾아가기 시작합니다. 그 과정에서 해결책에 대한 생각이 떠오를 수도 있고, 혹은 전혀 다른 생각이 떠오를 수도 있습니다. 중요한 것은 그저 내 안에서 일어나는 일들을 관찰하는 것입니다. 감정을 마음챙김하며 관찰하는 동안, 내면에서는 이미 필요한 답을 찾아가고 있다는 것을 믿어 보세요.

명상을 시작하기 전에 전체 가이드를 끝까지 읽어 보세요. 가능하면 명상 중에 중단하고 다음 단계를 확인하지 않아도 될 정도로 내용을 숙지해 두시면 좋습니다.

감정 관찰하기 명상

명상을 시작하기 전에

1. 방해받지 않을 곳에 앉으세요.

2. 잠시 시간을 들여, 명상하는 동안 가능한 한 움직이지 않고 편안하게 유지할 수 있는 자세를 잡으세요.

3. 의도를 정하세요. "나는 앞으로 10분 동안 명상을 하며, 내 감정과 이를 둘러싼 생각들, 그리고 함께 일어나는 신체 감각을 있는 그대로 알아차리겠습니다."

명상 시작하기

1. 타이머를 10분으로 맞추세요.

2. 눈을 부드럽게 감으세요. 또는 눈을 반쯤 뜬 채로 시선을 아래로 편안히 두세요.

3. 몇 차례 숨을 천천히 들이쉬고 내쉬면서 호흡에 주의를 기울이고, 몸과 마음을 편안히 가라앉히세요.

4. 먼저 지금 명상을 시작하면서 어떤 기분이 드는지 살펴보세요. 편안한가요? 기대되나요? 호기심이 드나요? 아니면 지루한가요?

5. 감정을 깊이 분석하려 하지 말고, 그저 있는 그대로 알아차리세요.

6. 감정을 충분히 느꼈다면, 그 감정과 함께 떠오르는 생각들이 있는지 살펴보세요.

7. 몸에서 어떤 감각이 느껴지는지도 알아차리세요.

8. 몸을 움직이거나 자세를 바꾸고 싶은 느낌이 들면, 호흡과 함께 그 느낌을 부드럽게 흘려보내세요. 긴장을 천천히 내려놓으면, 감정과 연결된 몸의 감각이 더 또렷하게 느껴질 수 있습니다.

9. 마음이 흩어지면, 다시 호흡으로 주의를 돌리고, 이어서 감정으로 돌아오세요.

10. 마음이 자꾸 흩어지더라도 괜찮습니다. 그저 다시 호흡으로 돌아가 그리듬을 알아차린 다음, 감정과 그 감정을 둘러싼 생각들, 그리고 몸의 감각을 알아차리세요.

마무리하기

명상하는 동안 힘든 감정이 올라왔다면, 코로 깊게 숨을 몇 차례 들이 쉬고 내쉬며, 가볍게 스트레칭을 하거나 물 한 잔을 마시면서 마음을 진정시켜 보세요. 그런 다음 잠시 시간을 내어 이번 명상에서 경험한 내용을 이 장의 끝에 있는 공간에 기록해 보세요.

시간이 있다면, 다음 질문들을 생각해 보고 명상 노트에 기록해 보 세요. 이 기록들은 나중에 다시 돌아보게 될 내용이므로, 미래의 나에 게 남기는 메모처럼 작성해 보세요.

- 이번 명상에서 어떤 감정을 경험했나요?

- 그 감정을 느낄 때 어떤 생각들이 떠올랐나요?

- 그 감정이 몸의 특정 부위에서 느껴졌나요? 어디에서 느꼈나요?

- 특별히 떠오르는 사람이나 상황이 있었나요?

더 깊이 들어가기

행복 일기 쓰기

- 타이머를 10분으로 맞추세요.

- 명상 노트에 나를 행복하게 만드는 것들을 모두 적어 보세요. 나를 웃

게 만들거나 기분 좋게 하는 것, 생각만 해도 마음이 편안해지는 것, 또는 일상 속 작지만 소중한 순간들을 떠올리며 자유롭게 적어 보세요.

- 타이머가 울릴 때까지 멈추지 말고 계속 써 내려가세요.

일상 속에서 더 깊이 실천하기: 감사 확언하기

- 하루를 보내면서 마음이 편안할 때마다 속으로 다음의 감사 확언을 반복해 보세요.

- 내 곁에 좋은 친구들과 사랑하는 사람들이 있어서 정말 감사하고 행복합니다.

- 내가 나 자신으로 존재할 수 있음에 정말 감사하고 행복합니다.

- 배우고 성장할 수 있는 기회가 있음에 정말 감사하고 행복합니다.

- ________이(가) 있어서 정말 감사하고 행복합니다. (직접 채워 보세요.)

추천 도서

『진정한 행복』(Real Happiness), 샤론 샐즈버그

『여성을 위한 명상의 비밀』(Meditation Secrets for Women), 카밀 모린, 로린 로슈

『나는 초민감자입니다: 지나친 공감 능력 때문에 힘든 사람을 위한 심리치료실』, 주디스 올로프

『받아들임』, 타라 브랙

『자유를 향한 전환』(Shift into Freedom), 로크 켈리

기록 : 5일 차

날짜 : ....   시간 : ....

명상 시간 : ....

자세 : ....

사용한 무드라(있다면) : ....

명상하면서 느낀 점을 간단히 표현해 주세요(예: 쉬움, 어려움, 편안함, 지루함 등) :

....

....

....

....

....

....

....

....

기록 : 5일 차

"우리는 명상을 잘하기 위해 앉는
것이 아닙니다. 삶 속에서 더 깨어
있기 위해 앉는 것입니다."

— 페마 쵸드론

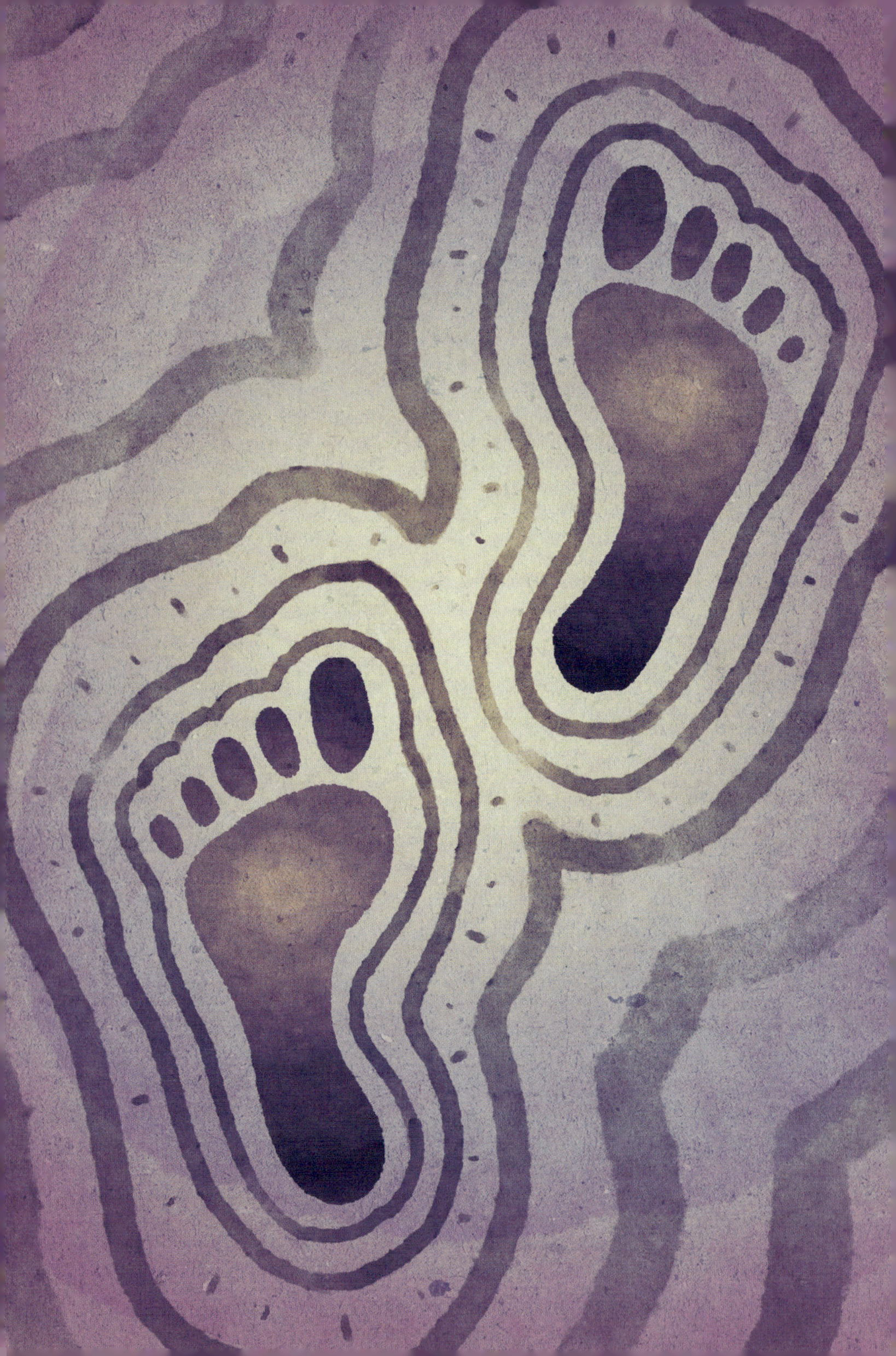

걷기 명상

명상 길이: 10분

무엇인가요?

오늘은 걷기 명상을 해 보겠습니다. 걷기 명상은 마음챙김을 하며 걷는 것으로, 몸을 움직이는 명상 중 가장 기본적인 방법입니다. 가만히 앉아서 하는 명상과 달리, 움직이는 명상은 몸과 마음, 그리고 몸과 외부 환경 사이에 더 많은 상호작용이 이루어집니다. 어떤 사람들은 몸을 움직일 때 몸의 감각을 더 쉽게 알아차릴 수 있습니다.

움직이는 명상의 다른 예로는 요가, 춤, 스포츠 등이 있습니다. 고도로 훈련된 운동선수들은 경기할 때 자신의 몸과 주변 환경을 완벽하게 알아차리며 움직임을 정교하게 조절합니다. 앞서 과일 한 조각을 먹는 행위도 주의 깊게 하면 명상이 될 수 있었던 것처럼, 어떤 활동이라도 마음챙김을 적용하면 명상이 될 수 있습니다.

잭 콘필드는 저서 『깨달음 이후 빨랫감』에서, 영적인 길을 걷다 보면 강렬한 깨달음이나 깊은 기쁨을 경험할 수 있지만, 결국 일상은 여전히 우리를 기다리고 있으며 그것 또한 마음챙김으로 경험해야 한다고 말합니다. 즉, 빨래처럼 사소하고 전혀 영적이지 않아 보이는 일상적인 일조차 주의를 기울이면 하나의 깊은 경험이 될 수 있다는 것입니다.

우리는 걷기, 청소, 빨래 같은 일을 너무 습관적으로 반복하다 보니 별다른 의식 없이 할 때가 많습니다. 걷기 명상은 천천히 부드럽게 걸으면서 한 걸음 한 걸음에 온전히 주의를 기울이는 연습입니다. 발을 내디딜 때, 발뒤꿈치에서 발바닥, 발가락이 차례로 땅에 닿는 감각을 세심하게 알아차리며 그 움직임 하나하나에 주의를 모으는 것입니다.

많은 명상 프로그램에서 걷기 명상은 앉아서 하는 명상 사이사이에 수행됩니다. 이는 첫째 날에 배운 앉아서 하는 명상 자세가 다리의 혈액순환을 방해할 수 있기 때문입니다. 걷기 명상은 앉아서 명상하며 얻은 깊은 집중 상태를 유지하면서도 온몸의 혈액순환을 촉진하는 데 도움을 줍니다.

걷기 명상은 어깨너비로 발을 벌리고 편안하게 등을 곧게 펴고 섭니다. 두 손은 가볍게 모으고, 시선은 부드럽게 아래를 향한 채로 시작합니다. 보통 익숙한 경로를 천천히 반복해서 걷습니다. 낯선 곳을 가는 대신 정해진 같은 길을 반복해서 걷는 이유는 가능한 한 방해 요소를 줄이고 걷기 자체에만 온전히 집중하기 위해서입니다. 새로운 길을 걷거나 정해진 경로 없이 걷게 되면, "어디로 갈까?"라는 고민이 생기고, 여러 가능성을 탐색하느라 주의가 분산될 수 있습니다.

　　익숙한 짧은 경로를 따라 마음
챙김하며 걷다 보면 일정한 지점
에서 방향을 바꾸기 위해 잠시 멈
추게 됩니다. 이때가 바로 자신이

걷기에 집중하고 있었는지, 아니면 어느새 다른 생각에 빠져 있었는지
를 가장 잘 알아차릴 수 있는 순간입니다. 따라서 오늘 10분간 걷기 명
상을 할 때는 최소 두 번 정도는 멈추고 방향을 바꿀 수 있는 경로를
선택하는 것이 좋습니다.

얻을 수 있는 것

걷기 명상은 앉아서 하는 명상과 병행할 때 특히 효과적입니다. 걷기
명상만 단독으로 하는 경우는 드물며, 주로 앉아서 하는 명상 수련의
일부로 포함됩니다. 그 이유는 앉아서 몸을 움직이지 않고 하는 명상
에서는 시간이 지나면서 몸의 감각이 점차 사라지고 깊은 명상 상태로
들어가기 쉬운 반면, 몸을 계속 움직이는 걷기 명상에서는 그런 상태
에 도달하기가 상대적으로 어렵기 때문입니다. 그럼에도 걷기 명상은
집중력, 주의력, 스트레스 감소와 같은 다른 마음챙김 명상과 비슷한
효과를 제공합니다. 그 외에도 걷기 명상을 통해 얻을 수 있는 효과는
다음과 같습니다.

품위와 자신감 전직 불교 승려인 앨런 클레멘츠는 "마음챙김은 가장 품

위 있는 삶의 방식"이라고 말했습니다. 걷기 명상을 하면 움직임 하나 하나에 주의를 기울이게 되어 자연스럽게 행동이 부드럽고 차분해집 니다. 몸을 의식하며 천천히 걷다 보면 걸음걸이와 자세에 여유와 안 정감이 생깁니다. 이렇게 몸과 마음이 균형 잡힌 상태에서 움직일 때 우리는 더욱 품위 있어지고, 자신에 대한 존중감과 자신감도 자연스럽 게 커집니다.

의도적인 삶 부처님은 "올바른 방향을 향하고 있다면, 그저 계속 걸어 가면 된다"고 말씀하셨습니다. 우리는 흔히 삶에서 무엇을 해야 할지 확신하지 못하고 조급해하며 더 나은 무언가를 갈망합니다. 이런 상황 에서 마음챙김하며 사는 것, 그리고 마음챙김하며 걷는 것은 결코 쉽 지 않습니다. 하지만 걷기 명상에서는 어디론가 도착하기 위해 걷는 것이 아니라, 걷는 행위 그 자체가 목적입니다. 같은 길을 반복해서 걷 는 것도 이 때문입니다. 이러한 연습은 단순히 걷는 방식을 바꾸는 데 그치지 않고, 삶을 더욱 의도적으로 살아가며 모든 행동을 신중하고 의식적으로 하는 태도를 기르는 데 도움을 줍니다.

몸과 마음의 연결 움직일 때 신체의 특정 부위에 주의를 기울이면 즉각 적인 피드백을 느낄 수 있습니다. 예를 들어, 뇌가 "왼발을 들어 올려 라"는 신호를 보낼 때 왼발에 주의를 집중하면, 그 순간 몸과 마음이 연결되는 것을 느낄 수 있습니다. 이런 연결감의 경험이 쌓이면서 우 리는 자신의 몸을 더 편안하게 느끼고 받아들일 수 있게 됩니다.

집중력 향상 야외에서 걷기 명상을 할 때는 자동차 소음, 자연의 소리,

주변 사람들, 동물 등 다양한 방해 요소가 존재합니다. 이런 환경에서도 편안하고 우아하게, 의식적으로 걸으며 연습하다 보면 애쓰지 않고도 자연스럽게 집중할 수 있는 능력을 기를 수 있습니다.

기분 개선 걷기는 엔도르핀과 세로토닌 같은 신경전달물질의 분비를 촉진합니다. 이 두 물질은 기분을 좋게 하고, 스트레스와 통증을 완화하며, 전반적인 정서적 안정감을 높여줍니다.

자연과 공동체와의 깊은 연결 걷기 명상을 야외에서 하면 자연의 리듬과 깊이 연결될 수 있습니다. 자연 속에서 보내는 시간 그 자체만으로도 깊은 치유 효과를 얻을 수 있습니다. 자신이 사는 동네에서 걷기 명상을 하면 평소 바쁘게 지나치며 놓쳤던 주변을 새로운 시선으로 바라보게 됩니다. 이전에는 미처 알아차리지 못했던 길과 주변의 작은 것들이 하나둘 눈에 들어오면서, 늘 지나던 공간이 특별하고 소중한 곳으로 다가옵니다.

준비물

오늘의 명상도 다른 명상과 마찬가지로 많은 준비물이 필요하지 않습니다. 오늘 준비할 것은 다음과 같습니다.

- 걷기에 적합한 조용하고 평화로운 장소

- 공원이나 산책로 같은 야외 공간이 좋습니다. 걷기 좋은 길이 있으면 이상적이며, 평소 자주 가는 익숙한 곳이 좋습니다. 익숙한 곳일수록 주변 환경에 덜 방해받고 집중하기 쉽습니다. 먼 길을 걷는 것이 아니라 같은 길을 반복해서 왕복할 것입니다.

- 실내에서 하고 싶다면 (그것도 좋습니다) 복도나 넓은 방처럼 장애물이 없고 약 20보를 편안하게 걸을 수 있는 공간을 찾아보세요.

- 타이머 (스마트폰 사용 시 방해받지 않도록 비행기 모드나 무음으로 설정)

- 명상 노트와 필기도구

시작하기

오늘의 걷기 명상을 시작하기 전에 지금까지 배운 내용을 잠시 되돌아 봅시다. 둘째 날에 배웠던 '음'과 '양'의 개념을 다시 한 번 떠올려 보세요. 명상에서 '음'이란 편안하게 열린 상태로 현재 순간에 들어오는 다양한 감각들을 동시에 경험하는 것이고, '양'은 특정 대상에 집중하며 주의를 또렷이 유지하는 것입니다.

잠시 시간을 내어 몸 안에서 열린 이완감과 또렷한 깨어 있음이 동시에 존재하는 균형 잡힌 상태를 찾아 느껴 보세요. 저는 학생들에게 걷기 명상 같은 움직이는 명상을 시작하기 전에, 첫째 날에 배운 앉아서 하는 호흡 명상을 짧게 해 볼 것을 종종 권장합니다. 이렇게 몸의 긴장을 풀고 호흡을 알아차리는 시간을 잠깐 가진 후 걷기 명상을 시작하면 더욱 좋습니다.

명상을 시작하기 전에 전체 가이드를 끝까지 읽어 보세요. 가능하면 명상 도중에 중단하고 다시 내용을 확인하지 않아도 될 정도로 충분히 숙지하는 것이 좋습니다. 이렇게 하면 흐름을 방해하지 않고 자연스럽게 걷기 명상을 실천할 수 있습니다.

걷기 명상

명상을 시작하기 전에

1. 걷기 명상을 할 적절한 장소를 찾으세요. 한 방향으로 약 20걸음 정도 걸을 수 있는 곳이면 좋습니다.

2. 출발점과 도착점을 미리 정해 두세요. 이렇게 하면 걷는 동안 주의가 흩어지지 않을 수 있습니다.

3. 의도를 정하세요. "나는 앞으로 10분 동안 천천히, 마음챙김하며 걷는 명상을 하겠습니다. 내 몸에 주의를 기울여 걸을 때 일어나는 모든 움직임과 감각을 알아차리고, 마음이 흩어지면 다시 걷기에 집중하겠습니다."

명상 시작하기

1. 타이머를 10분으로 맞추세요.

2. 출발점에 서서, 등을 편안하게 곧게 세우고 몸의 감각에 주의를 기울이세요. 체중을 양발에 균형 있게 분배하세요.

3. 두 손을 편안하게 모아 몸 앞이나 뒤에 자연스럽게 두세요.

4. 시선을 낮춰 몇 미터 앞 바닥을 바라보세요.

5. 시작하기 전에 몇 차례 깊게 호흡하며 몸에 쌓인 긴장을 풀어주세요.

6. 발이 땅에 닿는 감촉을 느껴 보세요.

7. 왼발을 천천히 들어 올려 평소 걸음의 절반 정도로 한 걸음 앞으로 내

딛고, 천천히 주의 깊게 발을 내려놓으세요.

8. 몸의 무게가 천천히 왼발로 이동하는 것을 느껴 보세요. 왼발이 완전히 땅에 닿은 후에야 오른발을 들어 올리세요.

9. 처음에는 조금 어색하게 느껴질 수도 있지만, 판단하지 않고 그 느낌을 있는 그대로 알아차리며 계속하세요. 만약 마음이 흩어지면, 왼발을 내디디며 속으로 "왼발 내딛기"라고 말하는 것이 도움이 될 수 있습니다.

10. 오른발을 천천히 들어 올려 작게 한 걸음 앞으로 내디디세요. 오른발이 공중에서 움직이는 느낌과 발이 땅에 닿는 순간의 감각을 느껴 보세요. 몸의 무게가 오른발로 이동하는 느낌을 알아차리며, 속으로 "오른발 내딛기"라고 말해 보세요.

11. 지나치게 느리지 않게, 일정한 속도로 마음챙김하며 걸으세요.

12. 걸으면서 몸 전체의 감각에 주의를 기울이세요. 허벅지 근육이 움직이는 느낌, 엉덩이와 척추를 따라 이어지는 미세한 움직임, 팔에서 느껴지는 움직임까지 알아차리세요.

13. 이 방식으로 20걸음을 걸으세요.

14. 경로의 끝(또는 20걸음 지점)에 도착하면 잠시 멈춘 후, 천천히 방향을 돌려 되돌아가세요.

15. 걷는 동안, 나무 한 그루, 보도블록의 틈새, 바람에 흔들리는 나뭇잎 소리 등에 마음이 향할 때가 있습니다. 그럴 때는 잠시 멈춰서 그 대상을 가만히 바라봐도 좋습니다.

16. 다시 걷기로 주의를 돌려, 위와 같은 방식으로 20걸음씩 왕복하며 타이머가 울릴 때까지 반복하세요.

마무리하기

걷기 명상을 마칠 때는 몇 차례 깊게 숨을 쉬고 주변을 둘러보며 그 순간의 풍경을 음미해 보세요. 마음챙김 연습이 익숙하지 않을 때는 그 미묘한 효과에 놀라기도 합니다. 연구에 따르면, 이제 6일째 명상을 실천한 여러분은 명상의 스트레스 감소 효과를 어느 정도 경험하고 있을 것입니다.

이 장의 끝에 있는 공간에 오늘의 걷기 명상 경험을 기록해 보세요. 시간이 있다면, 다음 질문에 대한 답을 명상 노트에 적어 보세요.

- 어떤 길을 선택해서 걸었나요?

- 그 길을 걸으면서 새롭게 눈에 띈 것이 있었나요?

- 걷는 동안 어떤 생각들이 떠올랐나요?

- 마음챙김하며 걷기가 쉬웠나요, 아니면 어려웠나요?

- 더 빠르게 걷거나 평소 속도로 걷고 싶은 충동이 들었나요?

- 왼쪽과 오른쪽 몸의 감각이 다르게 느껴졌나요?

- 지난 6일간 꾸준히 명상한 것이 도움이 되었나요? 어떤 점에서 그런가요?

더 깊이 들어가기

명상 시간 늘리기

걷기 명상을 수행하는 승려들은 때로는 몇 시간씩 계속하기도 합니다. 걷기 명상 시간을 한 번에 5분씩 천천히 늘려 가며 실험해 보세요.

명상 노트에 추가로 답해 볼 질문들

- 걷기 명상을 해 본 후, 틱낫한 스님이 "발로 대지에 입 맞추듯 걸으세요"라고 한 말의 의미는 무엇이라고 생각하나요?

- 삶의 다른 영역에서도 천천히, 의도적으로 마음챙김을 실천하면 도움이 될 만한 부분이 있을까요?

- 평소 생활 속에서 걷기 명상을 실천해 볼 만한 장소가 또 어디 있을까요?

앉아서 하는 명상과 걷기 명상 함께 실천하기

걷기 명상을 더욱 깊이 경험하는 또 다른 방법은 앉아서 하는 명상 바로 뒤에 이어서 하는 것입니다. 예를 들어, 20분간 앉아서 명상한 후 20분간 걷기 명상을 해 보세요.

마음챙김 운전하기

* 다음에 운전할 때는 평소보다 더 세심하게 주변을 살펴보세요.

* 다른 차량과 보행자의 움직임을 주의 깊게 관찰하세요.

* 운전하는 방향에 집중하면서도, 동시에 주변 상황 전체를 편안하고 여유 있게 살피세요.

* 자신의 운전 습관을 관찰해 보세요. 마음챙김하며 안전하게 운전하는 편인가요? 아니면 급하게 서두르거나 제한 속도를 자주 넘기는 편인가요?

추천 도서

『모든 발걸음마다 평화』, 틱낫한
『깨달음 이후 빨랫감』, 잭 콘필드

기록 : 6일 차

날짜 : ....   시간 : ....

명상 시간 : ....

자세 : ....

사용한 무드라(있다면) : ....

명상하면서 느낀 점을 간단히 표현해 주세요(예: 쉬움, 어려움, 편안함, 지루함 등) :

....

....

....

....

....

....

....

....

바디스캔 명상

명상 길이: 15분

무엇인가요?

바디스캔, 또는 '몸 훑기'는 마음챙김 명상의 핵심 기법입니다. 바디스캔의 목적은 머리부터 발끝까지 신체의 모든 부위에 집중하여 각 부분이 어떻게 느껴지는지 탐색하는 것입니다. 여기서 중요한 점은 불편함을 느끼더라도 그 감각을 알아차리기만 하고, 아무것도 하지 않는다는 것입니다. 몸을 뒤척이거나 긁거나 판단하지 마세요. 예를 들어, '발이 저려서 명상이 방해된다'라는 생각이 들더라도, 그저 그 감각을 알아차리기만 하면 됩니다.

바디스캔은 보통 편안하게 누운 자세에서 진행하며, 몸의 각 부위로 천천히 주의를 이동시키는 과정으로 이루어집니다. 이 연습은 깊은 이완을 가져다주며, 심지어 불면증 완화에도 탁월한 기법입니다. 또한, 몸과 마음의 연결이 깊어지면서 요가나 걷기 명상과 같은 움직이는 명상에도 도움이 됩니다.

첫째 날에는 호흡에 주의를 집중했습니다. 숨을 세는 것뿐만 아니라, 호흡으로 인해 몸에서 일어나는 미묘한 경험도 알아차렸습니다. 오늘은 그 경험을 확장하여, 몸의 각 부위로 주의를 옮기며 신체 감각을 더욱 강화할 것입니다.

둘째 날에는 내면과 외부 환경에 대한 열린 알아차림을 유지하는 연습을 했고, 다섯째 날에는 감정을 알아차리는 연습을 했습니다. 오늘 바디스캔 명상에서는 이 두 가지 기술을 모두 활용합니다. 예를 들어, 왼발에 주의를 집중하면 자연스럽게 왼발의 신체적(외부) 감각을 느끼게 되겠지만, 동시에 그와 관련된 생각이나 감정(내적 감각)도 떠오를 것입니다. 과거에 발을 다쳤던 기억이 날 수도 있고, "내 발 모양이 싫어"라는 생각이 들 수도 있습니다.

다른 모든 명상 기법처럼, 바디스캔 명상에서도 있는 그대로 관찰하고 '마음속 메모' 기술을 연습하게 됩니다. 떠오르는 생각을 알아차리고, 계속 호흡하며, 몸에서 느껴지는 감각을 알아차립니다. 잠시 후 부드럽게 다음 부위로 주의를 옮깁니다. 바디스캔 명상에서는 집중하는 신체 부위가 명상의 대상이 되며, 마음이 흩어질 때마다 다시 주의를 되돌릴 중심점이 됩니다.

때로는 잘못된 자세나 건강하지 않은 습관으로 인해 신체의 특정 부위에 지속적인 긴장이 쌓입니다. 예를 들어, 많은 사람이 구부정하게 앉아 척추에 부담을 주고 있습니다. 반대로 구부정한 자세를 지나치게 교정하려다 가슴을 내밀고 허리를 뒤로 젖히는 것도 몸에 무리를 주는 또 다른 예입니다. 그리고 잘못된 식습관은 심장과 소화기관에 부담을 주고, 흡연은 폐와 심혈관계에 스트레스를 가합니다. 바디스캔 명상은 이러한 신체의 긴장을 알아차리고, 그 원인을 탐구하여 해소하는 과정을 시작하는 데 도움이 됩니다.

예를 들어, 바디스캔 명상 중에 목에서 미세한 긴장감이 느껴진다고 해봅시다. 먼저 그 부위에 더 깊이 집중하며, 천천히 깊게 들이쉬고 내쉬면서 긴장을 풀어줍니다. 그런 다음 부드럽게 주의를 다음 신체 부위로 옮깁니다. 이 과정에서 "왜 이렇게 목이 답답하지?"라고 스스로에게 물어 보면 본격적인 탐구가 시작됩니다. 그러면 잠재의식이 이 질문에 답을 찾으려 하면서 여러 생각이 떠오를 수 있습니다. "요즘 공기가 안 좋아서 그런 것 같아"와 같은 단순한 답이 떠오를 수도 있습니다. 답이 바로 떠오르지 않아도 괜찮습니다. 질문을 던지는 것만으로도 마음속에 씨앗을 심은 것이며, 잠재의식은 계속해서 답을 찾으려 할 것입니다.

만약 특정 신체 부위에 만성적인 긴장이나 스트레스가 쌓여 있다면, 이를 해소하는 데 꾸준한 연습이 필요합니다. 바디스캔을 할 때마다 스스로에게 "왜 _____에서 _____한 느낌이 들까?"라고 질문을 던져 보세요. 우리의 모든 기억과 경험을 간직한 잠재의식은 이 질문을 받아 답을 찾기 시작합니다. 이렇게 몸의 신호를 읽어가다 보면, 자신에게 진정 필요한 것이 무엇인지 알게 될 것입니다.

얻을 수 있는 것

바디스캔 명상은 몸을 깊이 이해하는 다양한 접근법의 토대가 됩니다. 꾸준한 연습을 통해 다음과 같은 효과를 얻을 수 있습니다.

깊은 이완과 숙면 요가 니드라(수면 요가)는 몸을 깊이 이완시키면서도 의식은 또렷이 유지하는 바디스캔 기법입니다. 오늘 배운 바디스캔 명상이 바로 이 전통적인 요가 니드라와 같은 방식입니다. 몸의 각 부위를 이완하면서 현재의 감각에 집중하는 연습을 지속하면, 근육과 신경계의 긴장이 풀리고 머릿속을 맴도는 잡념과 감정에서 벗어날 수 있습니다. 이렇게 몸과 마음을 이완하는 법을 익히면 일상에서도 긴장을 쉽게 풀 수 있고, 밤에는 자연스럽게 깊은 잠에 들 수 있게 됩니다.

불면증 완화 바디스캔 명상은 원래 깨어 있는 상태를 유지하지만, 잠자리에 누운 채로 약간 변형하면 불면증 완화에도 탁월한 효과를 발휘합니다. 몸의 각 부위를 차례대로 이완하며 긴장을 풀면서 자연스럽게 잠이 들도록 허용하는 방식입니다. 실제로 바디스캔 명상은 불면증 치료법으로 널리 쓰이며, 여러 연구를 통해 그 효과가 입증되었습니다.

몸과 마음의 연결 바디스캔은 몸의 각 부위에 주의를 기울이며 몸이 보내는 미세한 신호를 알아차리는 연습입니다. 평소에는 잘 듣지 못했던 몸의 메시지에 귀 기울이고 적극적으로 이해하는 연습을 반복하면, 몸에 깃든 내면의 지혜와 더욱 깊게 연결될 수 있습니다.

자기 인식과 자기 조절 혹시 자신도 모르게 감정이나 긴장에 휩쓸려 실수를 하거나 누군가에게 상처 주는 말을 한 적이 있나요? 누구나 한 번쯤은 시간이 지난 후에야 자신이 왜 그렇게 행동했는지 후회한 경험이 있을 것입니다. 바디스캔 명상은 자신의 내면 상태를 더 잘 알아차리도록 돕습니다. 예를 들어, 짜증이 점점 올라오고 말이 날카로워지며 목과 어깨가 긴장하고 있다는 것을 바로 알아차릴 수 있다면, 이전에 긴장을 의식적으로 풀었던 경험을 떠올리며 호흡과 함께 몸의 긴장을 내려놓을 수 있습니다. 그러면 더 여유롭고 넓은 시각으로 상황을 바라볼 수 있게 됩니다. 이렇게 몸과 마음을 의식적으로 조절하면 더욱 현명한 선택을 할 가능성이 커지고, 나중에 후회할 일도 자연스럽게 줄어들 것입니다.

더 깊은 명상 명상을 깊이 있게 하려면 우선 몸이 편안해야 합니다. 몸에 불편함이나 긴장이 있으면 마음이 그쪽으로 자꾸 향하게 되어 명상에 집중하기 어렵습니다. 바디스캔 명상을 꾸준히 실천하면 몸과 마음이 서로 소통하며 긴장을 미리 알아차리고 자연스럽게 풀어낼 수 있습니다. 이렇게 몸의 방해 요소가 줄어들면 더욱 편안하고 깊은 명상을 경험하게 됩니다.

준비물

오늘의 명상도 다른 명상법과 마찬가지로 시작하기 위해 특별히 필요한 것이 많지 않습니다. 다음을 준비하세요.

- 편안하게 누울 수 있는 장소

- 바닥에 깔개나 매트를 깔고 등을 대고 눕습니다. 머리와 무릎 아래에 각각 베개를 받치고, 가벼운 담요를 덮는 것을 추천합니다.

- 이 명상을 잠들기 위한 목적이 아니라면 침대에서 하지 않는 것이 좋습니다.

- 방해받지 않을 조용한 공간 (예: 누군가 갑자기 들어오지 않을 곳)

- 타이머 (스마트폰을 사용할 경우 비행기 모드나 무음으로 설정하는 것이 좋습니다. 누워서 하는 명상이므로 평소보다 잠이 들 가능성이 높아 타이머가 특히 유용할 것입니다.)

- 명상 노트와 필기 도구

시작하기

명상도 삶의 다른 것들과 마찬가지로 처음에는 기본 원리부터 시작합니다. 기본을 충분히 이해해야 더 깊고 복잡한 단계로 나아갈 수 있습니다. 오늘 배우는 명상은 자신의 몸을 알아차리는 방법으로, 이것만으로도 큰 효과를 얻을 수 있습니다. 물론 더 깊이 들어가면 그 활용 범위는 훨씬 넓어집니다. 인체 해부학과 요가의 원리를 깊이 이해하면 마사지, 자세, 호흡법 등을 통해 몸의 각 부위에서 원하는 효과를 더욱 정교하게 이끌어낼 수 있습니다.

오늘은 마음챙김에 기반한 바디스캔 명상으로 시작합니다. 이어지는 '더 깊이 들어가기' 섹션에서는 차크라 명상을 통해 몸의 각 부위가 일상생활의 여러 측면과 어떻게 연결되어 있는지를 경험하고 균형을 회복하는 연습을 하게 될 것입니다.

명상을 시작하기 전에 전체 가이드를 한 번 끝까지 읽어 보세요. 가능하면 명상 도중에 중단하고 다음 단계를 확인하지 않아도 될 정도로 내용을 숙지하는 것이 좋습니다.

바디스캔 명상

명상을 시작하기 전에

1. 방해받지 않고 편안하게 누울 수 있는 장소를 찾으세요.

2. 머리와 무릎 밑에 베개를 하나씩 놓고, 가벼운 담요를 덮으세요.

3. 의도를 정하세요. "나는 앞으로 15분 동안 바디스캔 명상을 하겠습니다. 몸의 각 부위에 차례로 주의를 기울이며 긴장을 내려놓고, 감각이나 생각, 감정이 떠오르면 호흡과 함께 있는 그대로 받아들이겠습니다. 몸이 깊이 이완되어도 마음은 계속 깨어 있겠습니다."

명상 시작하기

1. 타이머를 15분으로 맞추세요.

2. 편안하게 누우세요. 베개와 담요를 적절히 조정해 몸을 편안히 하고, 눈을 부드럽게 감으세요.

3. 호흡에 주의를 기울이며, 폐가 팽창하고 수축하는 것을 느껴 보세요.

4. 몸을 가만히 두고 호흡과 심장 박동만 느껴 보세요.

5. 주변의 다양한 소리와 움직임을 잠시 알아차리세요.

6. 이제 주의를 머리로 가져오세요. 두피, 이마, 눈 주위의 근육, 뺨, 입술, 턱을 차례로 알아차리세요.

7. 숨을 내쉬며 머리와 얼굴에 남은 미세한 긴장을 풀어주세요. 머리와 얼

굴이 편안하고 이완될 때까지 천천히 몇 번 호흡하세요.

8. 이제 주의를 목과 어깨로 옮기세요. 어떤 감각이나 긴장이 있는지 알아 차리세요.

9. 숨을 내쉬며 목과 어깨에 쌓인 긴장을 풀어주세요.

10. 목과 어깨가 편안하고 이완될 때까지 천천히 몇 번 호흡하세요.

11. 이제 위팔, 아래팔, 손과 손가락, 손끝까지 차례로 알아차리세요. 숨을 내쉬며 팔과 손이 자기 무게로 편안히 내려앉도록 하세요.

12. 주의를 가슴과 등 위쪽으로 옮기세요. 숨을 내쉬며 이 부위의 긴장을 풀어주세요.

13. 이제 배, 골반, 허벅지를 차례로 알아차리세요.

14. 천천히 깊게 숨을 들이쉬고 내쉬세요. 이 부위들의 긴장을 풀어주며 떠오르는 생각들을 알아차리세요.

15. 이제 무릎, 종아리, 발목, 발끝까지 차례로 알아차리세요.

16. 천천히 깊게 숨을 들이쉬고 내쉬세요. 이 부위들의 긴장을 풀어주며 떠오르는 생각들을 알아차리세요.

17. 몸 전체를 알아차리세요. 어떤 감각이 느껴지면 호흡과 함께 흘려보내세요.

18. 고요함 속에서 쉬세요. 움직이거나 자세를 바꾸고 싶은 마음이 들면 호흡과 함께 흘려보내세요. 긴장을 풀고 모든 것을 있는 그대로 받아들이세요.

마무리하기

타이머가 울리면, 명상 중 경험했던 몸의 감각과 떠올랐던 생각들을 잠시 되돌아보세요. 몇 차례 깊게 호흡한 다음, 천천히 몸을 움직이며 부드럽게 스트레칭하세요. 요가 수업에서도 마지막 자세로 바디스캔 명상을 자주 활용하는데, 이때 사용하는 자세가 샤바사나(송장 자세)입니다. 샤바사나는 등을 바닥에 대고 누워 손바닥이 하늘을 향하도록 두는 자세입니다. 샤바사나에서 일어날 때는 몸을 옆으로 돌려 몇 차례 호흡한 후 천천히 일어나는 것이 좋습니다. 하지만 어떤 방식으로 일어나든, 명상에서 급하게 빠져나오지 말고 충분한 여유를 갖는 것이 중요합니다. 이렇게 천천히 명상을 마무리하면 명상 중 얻은 평온함과 명료함, 그리고 열린 감각이 더 오래 지속됩니다.

이 장의 끝에 마련된 공간에 오늘의 명상 경험을 기록해 보세요.

시간이 된다면 명상 노트를 꺼내 간단한 메모를 남겨 보세요. 기록할 때는 과학자가 탐구하듯 호기심을 가지고 접근해 보세요. 방금 한 명상을 하나의 실험이라 생각하면서, 어떤 것들이 떠올랐는지, 어떤 경험을 했는지 살펴보세요. 명상할 때와 마찬가지로, 기록할 때도 그 순간에 온전히 집중하며 작성해 보세요.

이번 명상과 관련하여 스스로에게 다음과 같은 질문들을 던져 볼 수 있습니다.

• 몸에서 이전에는 잘 느끼지 못했던 감각이나 반응이 있었나요?

(예: "명상하는 동안 자꾸만 발가락을 꼼지락거리거나 발을 움직이고 있는

나를 발견하고 놀랐다.")

- 바디스캔을 하는 동안 특히 두드러지게 느껴졌던 신체 부위가 있
  었나요? (예: "몸이 완전히 고요해지자 양손에서 심장 박동이 느껴졌다.")

- 특정 신체 부위와 관련하여 떠오른 생각이나 이미지가 있었나요?
  (예: "목과 어깨에 주의를 기울였을 때 긴장이 느껴졌고, 그 긴장을 풀어가
  면서 평소에 스마트폰을 보느라 고개를 숙이고 있는 내 모습이 떠올랐다. 그
  런 자세가 내 몸에 어떤 영향을 주고 있을지 생각해 보게 되었다.")

더 깊이 들어가기

신체와 삶의 균형을 위한 차크라 명상

요가에서는 인간의 몸을 차크라라는 에너지 체계로 이해합니다. 차크
라는 척추를 따라 위치한 일곱 개의 에너지 중심점으로, 신체적, 정서
적, 영적 건강뿐만 아니라 일상생활의 모든 측면에 영향을 미칩니다.
따라서 각 차크라의 균형 상태가 우리 삶의 질을 좌우합니다.

차크라 명상에는 여러 방법이 있습니다. 그중 '차크라 균형 명상'은
바디스캔 기법을 활용해 일곱 차크라를 차례로 탐색하는 방법입니다.
각 차크라 부위에 주의를 집중하고 호흡으로 긴장을 풀어준 뒤, 그 차
크라와 연관된 삶의 측면을 있는 그대로 바라보고 다음 차크라로 이동
합니다. 이 과정을 통해 몸과 마음, 나아가 삶 전체의 균형을 회복할 수
있습니다.

다음은 일곱 차크라의 위치와 삶의 영역을 간략히 정리한 것입니다.

뿌리 차크라는 척추 가장 아래쪽에 위치하며, 생존, 안전, 안정감을 담당합니다.

천골 차크라는 골반 중심부에 위치하며, 창조성, 감정, 즐거움, 성적 에너지를 관장합니다.

태양신경총 차크라는 명치 위 복부 중심부에 위치하며, 개인의 힘, 자신감, 의지력의 중심입니다.

심장 차크라는 가슴 중앙에 위치하며, 사랑, 연민, 관계, 치유를 담당합니다.

목 차크라는 목구멍 부근에 위치하며, 자기표현, 소통, 진실성을 관장합니다.

제3의 눈 차크라는 미간에 위치하며, 직관, 통찰, 내면의 지혜와 연결됩니다.

정수리 차크라는 정수리에 위치하며, 영적 연결, 더 높은 의식, 깨달음을 상징합니다.

추천 도서

『차크라 힐링』(Chakra Healing), 마가리타 알칸타라

『요갈로소피』(Yogalosophy), 맨디 잉버

기록 : 7일 차

날짜 : ....   시간 : ....

명상 시간 : ....

자세 : ....

사용한 무드라(있다면) : ....

명상하면서 느낀 점을 간단히 표현해 주세요(예: 쉬움, 어려움, 편안함, 지루함 등) :

....

....

....

....

....

....

....

....

....

만트라 명상

명상 길이: 15분

무엇인가요?

전 세계 여러 문화에서 가장 널리 실천되는 명상 기법 중 하나는 특정 단어나 구절을 반복하는 것입니다. 이를 우리는 만트라라고 부릅니다. 만트라는 산스크리트어로 '마음을 실어 나르는 도구'라는 뜻이며, 명상 중 마음을 한곳에 집중하고 머물게 하는 대상을 의미합니다. 앉아서 하는 호흡 명상에서 호흡을, 바디스캔 명상에서 신체 감각을 집중의 대상으로 삼듯이, 만트라 명상에서는 선택한 단어나 구절을 집중의 대상으로 삼습니다. 이러한 만트라 기반 명상 기법은 수피 이슬람 전통, 유대교 카발라 명상, 기독교 명상, 북미 원주민의 성가, 그리고 힌두교 및 불교 명상에서 찾아볼 수 있습니다.

만트라는 크게 두 가지 방식으로 활용됩니다. 하나는 마음속으로 조용히 반복하는 방식이고, 다른 하나는 소리를 내어 말하는 방식입니다. 조용한 만트라 명상은 초월 명상 센터, 베다 센터, 초프라 센터와 같은 현대적인 명상 단체에서 개인 명상 수행의 한 방법으로 널리 활용됩니다. 예를 들어, 초프라 센터의 창립자인 디팩 초프라는 '소 함'이라는 만트라를 자주 가르칩니다. 이 만트라는 들숨("소")과 날숨("함")의 자연스러운 리듬을 떠올리게 하며, 산스크리트어로 '나는 존재한다'는 의미를 지니고 있습니다. 반면, 그룹 명상에서는 만트라를 소리 내어 말하는 방식이 자주 사용됩니다. 수피즘, 카발라, 기독교, 북미 원주민, 불교, 힌두교 등 다양한 영적 전통에서는 성스러운 기도문이나 경전 구절, 또는 특정 만트라를 소리 내어 반복하는 수행 방식을 오랜 세월 이어오고 있습니다.

이 두 가지 방식 외에도, 만트라는 의미가 있는 것과 의미가 없는 것으로 나뉠 수 있습니다. 대부분의 전통에서는 만트라의 의미가 매우 중요하게 여겨집니다. 특히 성스러운 기도문이나 신의 이름을 반복적으로 외우는 수행에서는 그 의미가 더욱 강조됩니다. 반면, 고대 인도의 베다 전통에서 유래한 베다 명상과 현대의 초월 명상에서는 만트라의 의미보다는 수행 기법 자체에 중점을 둡니다. 그래서 이들 전통에서는 명상자가 평소 사용하지 않는 언어로 된 만트라를 선택하여, 만트라의 의미에 얽매이지 않고 소리 자체에 온전히 집중할 수 있게 합니다.

의미를 지닌 만트라의 예로는 확언을 들 수 있습니다. 확언이란 '진실을 확인하는' 문장으로, 소리 내어 반복하거나 마음속으로 반복할 수 있습니다. 몇 가지 확언의 예로는 "나는 평화롭다", "나는 충분하다", "나는 건강하다", "나는 사랑받고 있다", "모든 것이 잘되고 있다"

등이 있습니다.

의미 있는 만트라와 의미 없는 만트라를 사용할 때 떠오르는 생각은 매우 다를 수 있습니다. 다른 언어로 된 만트라와 같이 이른바 의미 없는 만트라를 사용할 때는 보통 잠재의식 속에 이미 존재하며 의식의 표면으로 드러날 준비가 되어 있던 생각들이 떠오릅니다. 반면, 의미 있는 만트라를 사용할 때 떠오르는 생각은 대개 그 만트라 자체와 관련이 있습니다. 예를 들어, 만트라가 "나는 행복하고 건강하다"인 경우, 떠오르는 생각들은 이 문장에 동의하거나 반대하는 형태로 나타날 수 있습니다. 이 과정에서 평소 의식하지 못했던 미묘한 생각들이 수면 위로 드러나게 됩니다. 확언에 동의하는 생각들은 더욱 뚜렷해지고, 반대하는 생각들 또한 선명하게 떠오릅니다. 이 명상에서 중요한 점은 모든 생각을 관찰하면서도 계속해서 확언을 반복하는 것입니다. 마음이 만트라에서 벗어날 때마다(소리 내어 말하든, 속으로 반복하든) 항상 주의를 만트라로 되돌리는 것이 중요합니다.

얻을 수 있는 것

만트라 명상은 가장 기본적이고 널리 사용되는 명상법 중 하나로, 그만한 이유가 있습니다. 실천하기 쉬우면서도 매우 강력한 효과를 가져오기 때문입니다. 만트라 명상을 실천함으로써 다음과 같은 변화를 경험할 수 있습니다.

뇌의 재구성 우리가 떠올리는 모든 생각과 내리는 모든 결정은 뇌의 특정 경로를 따라 신경세포가 활동하며 이루어집니다. 이를 신경 회로라고 합니다. 긍정적인 확언을 꾸준히 반복하면, 특히 그 확언을 단순히 반복하는 수준을 넘어 진심으로 믿게 되면 뇌는 새로운 신경 경로를 만들어냅니다. 특정 생각이나 경험을 몇 번이나 반복해야 그것이 기본 사고방식으로 자리 잡는지에 대한 구체적인 연구는 아직 부족하지만, 단어나 행동을 반복하는 것이 새로운 신경 회로를 형성한다는 점은 과학적으로 입증된 사실입니다. 확언이 감정 상태에 영향을 미치고, 행동 또한 그 확언을 반영하게 된다면 결국 새로운 습관이 형성되고 새로운 방식의 삶을 경험할 수 있게 됩니다.

집중력 향상 하나의 대상에 주의를 집중하고 마음이 흐트러질 때마다 다시 그 대상으로 주의를 되돌리는 연습은 "집중력 근육"을 강화합니다. 만트라 명상을 할 때도 현재의 모든 감각을 알아차리되, 주된 주의는 만트라에 둡니다. 이렇게 반복해서 연습하다 보면 일상생활에서도 쉽게 흐트러지지 않는 집중력을 기를 수 있습니다. 만트라는 마치 이루고자 하는 "목표"와 같습니다. 예를 들어, 차가 많이 막히는 도로에서 운전한다고 생각해 보세요. 목표는 목적지까지 안전하게 가는 것입니다. 그런데 운전 중 갑자기 누군가가 끼어들면, 이는 마음이 만트라에서 잠시 벗어나는 것과 같습니다. 이때 이 일에 지나치게 신경 쓰면 하루 종일 기분을 망칠 수도 있습니다. 하지만 그 상황을 그저 알아차리고 다시 목적지를 향해 운전을 계속하듯, 만트라 명상을 꾸준히 실천하면 흐트러진 마음을 빠르게 회복하고 원래 목표로 되돌아가는 능력을 키울 수 있습니다.

스트레스와 불안 감소 만트라 명상은 우리의 주의를 즉시 외부 세계에서 거두어 만트라에 집중하게 합니다. 스트레스와 불안을 일으키는 요인에서 잠시 벗어나 마음을 쉬게 하는 것만으로도, 삶에 미치는 부정적인 영향을 크게 완화할 수 있습니다. 만트라(의미가 있든 없든)에 의식을 집중하면 마음에 새로운 초점이 생깁니다. 만트라가 긍정적인 확언이라면 마음은 자연스럽게 긍정적인 방향으로 향하게 됩니다. 의미가 없는 만트라라면 마음은 중립적인 상태에서 휴식을 취하며 스트레스에서 벗어날 수 있는 기준점을 얻게 됩니다.

빠른 명상 몰입 많은 명상 전통에서는 같은 만트라를 오랜 기간 사용할 것을 권장합니다. 이는 명상 과정을 단순화하고, 만트라의 의미를 지나치게 분석하거나 고민하지 않게 해주기 때문입니다. 특정 만트라를 꾸준히 사용하다 보면, 그 만트라를 반복하는 것만으로도 더 빠르게 깊은 명상 상태에 들어갈 수 있게 됩니다. 수년간 같은 만트라를 사용해온 제 학생 중 한 명은 이렇게 말했습니다. "제 만트라는 마법의 주문 같아요. 마음속으로 만트라를 반복하는 순간 곧바로 명상 상태로 들어가는 것 같거든요." 물론 처음부터 이런 경험을 하기는 어렵지만, 만트라를 지속적으로 사용하면 많은 사람이 이와 같은 효과를 경험하게 됩니다.

준비물

오늘의 명상은 다른 명상들과 마찬가지로 특별한 것이 필요하지 않습니다. 바닥에 앉을지 의자에 앉을지는 여러분의 선택이며, 어디에서 명상을 하느냐에 따라 달라질 수 있습니다. 그날그날의 기분에 따라 달라질 수도 있습니다. 오늘의 명상을 위해 필요한 것은 다음과 같습니다.

- 등을 편안하게 세우고 앉을 수 있는 의자나 방석

- 방해받지 않을 조용한 장소 (예: 누군가 갑자기 들어올 염려가 없는 곳)

- 타이머 (스마트폰 사용 시 방해받지 않도록 비행기 모드나 무음으로 설정)

- 명상 노트와 필기도구

시작하기

앞서 말씀드린 것처럼 이 명상법을 실천하는 방법은 다양합니다. 이러한 방법들은 본질적으로 같은 능력을 기르지만, 미묘한 차이가 있습니다. 예를 들어, 산스크리트어 만트라를 소리 내어 반복할 때는 만트라를 읊으면서 느껴지는 진동에 집중합니다. 반면 확언을 소리 내어 반복할 때는 확언이 실현된 모습을 생생하게 시각화하는 데 중점을 둡니다. 예를 들어 만트라가 "나는 행복하고 건강하다"라면, 행복하고 건강한 모습을 실제로 '보고' '느끼는' 데 명상의 초점을 맞추는 것입니다.

오늘의 실습에서는 아주 간단한 만트라인 "옴" 또는 "아움"을 소리 내어 반복할 것입니다. 이 만트라는 많은 전통에서 우주가 시작될 때 최초로 울려 퍼진 근원적 소리, 또는 우주의 모든 소리가 하나로 모인 소리로 알려져 있습니다. 우리는 이 만트라를 세 개의 음절(아-우-음)로 나누어 각각의 음절을 따로 반복한 후, 마지막에는 세 음절을 하나로 합쳐 반복해 보겠습니다. 이어지는 '더 깊이 들어가기' 섹션에서는 확언과 조용한 만트라를 사용하는 방법도 안내하겠습니다.

명상을 시작하기 전에 가이드를 끝까지 읽어 보세요. 가능하면 명상 중에 중단하고 다음 단계를 확인하지 않아도 될 정도로 내용을 숙지해 두시면 좋습니다.

만트라 명상

명상을 시작하기 전에

1. 방해받지 않을 곳에 앉으세요.

2. 잠시 시간을 들여, 명상하는 동안 가능한 한 움직이지 않고 편안하게 유지할 수 있는 자세를 잡으세요.

3. 의도를 정하세요. "나는 앞으로 15분 동안 만트라 명상을 하겠습니다. 몸 안에서 느껴지는 진동과 그때 떠오르는 생각, 감정, 신체 감각에 집중하겠습니다."

명상 시작하기

1. 타이머를 15분으로 맞추세요.

2. 눈을 부드럽게 감으세요.

3. 호흡에 주의를 기울이세요.

4. 몸이 편안하게 가라앉으면, 숨을 내쉴 때 부드럽게 "음" 소리를 내 보세요. 내쉬는 숨 전체가 "음~" 소리로 이어지도록 하세요.

5. 목과 가슴에서 울리는 "음~" 소리의 진동을 느껴 보세요.

6. 몇 번 더 숨을 내쉬면서 "음~" 소리를 내 보세요.

7. 진동이 몸 전체로 퍼지는 것을 느껴 보세요. 진동이 몸을 넘어 사방으로 퍼져 나가는 모습을 상상해 보세요.

8. 이번에는 숨을 내쉬면서 "아~" 소리를 내 보세요. 목의 긴장을 풀고 편안히 열어두세요.

9. 진동이 몸 전체로 퍼지는 것을 느껴 보세요. 몇 번 더 반복하세요.

10. 진동이 몸을 넘어 사방으로 퍼져 나가는 모습을 상상해 보세요.

11. 몇 번 더 "아~" 소리를 낸 후, 이제 "우~" 소리를 내 보세요.

12. 숨을 부드럽게 내쉬면서, 숨 전체가 "우~" 소리로 이어지도록 하세요.

13. 몇 번 더 "우~" 소리를 반복하면서, 진동과 함께 떠오르는 생각들을 알아차리세요.

14. 이제 세 음절을 연결하여 "아~우~음~(옴)" 소리를 내 보세요. 숨을 내쉴 때마다 각 음절이 비슷한 길이로 이어지게 하세요. 완벽하지 않아도 괜찮으니 자신만의 리듬을 찾아보세요.

15. 진동이 몸 전체로 퍼지는 것을 느끼며, 떠오르는 감각, 감정, 생각들을 계속 알아차리세요.

16. 타이머가 울릴 때까지 "옴~" 소리를 계속 반복하세요.

마무리하기

명상을 마칠 때는 자리에서 일어나기 전에 몇 번 깊게 호흡하세요. 서두르지 않고 명상에서 자연스럽게 빠져나오세요. 이렇게 의식적으로 명상을 마무리하면 명상 중에 형성된 이완 상태를 더 잘 유지할 수 있고, 평온함, 명료함, 열린 마음의 효과를 더 오래 지속할 수 있습니다.

만트라를 명상에 활용하는 방법은 다양하므로, 가능한 한 열린 마음으로 이 기법을 다시 시도해 보시고, 다양한 만트라를 사용하여 자신에게 맞는 방식을 찾아보시기 바랍니다.

이 장 끝에 마련된 공간에 오늘의 명상 경험을 기록해 보세요.

시간이 있다면 명상 노트에 다음 질문들에 대한 답을 작성해 보세요.

- 오늘 이전에 만트라 명상에 대해 들어본 적이 있나요? 오늘의 경험은 예상했던 것과 같았나요?

- 오늘 명상에서 사용한 음절들을 다시 한 번 떠올려 보세요. 각 음절마다 느껴지는 점이 달랐나요? 예를 들어, "아" 소리가 몸에서 느껴지는 감각이 "음" 소리와는 달랐나요? 지금 명상 노트에 자세히 기록해둘수록 나중에 명상의 진전과 변화를 더 분명하게 확인할 수 있습니다.

- 소리의 진동을 과학적으로 연구하는 분야를 사이매틱스라고 합니다. 사이매틱스에서는 소리 치료의 한 형태로, 튜닝 포크, 스피커,

심지어 사람의 목소리를 이용하여 진동을 신체의 다양한 부위로 전달합니다. 사이매틱스의 자가 치료법 중 일부는 오늘 실습한 만트라 명상처럼, 콧노래를 부르듯 허밍하거나, 만트라를 반복해서 읊거나, 특정 소리를 길게 내면서 몸 전체로 진동을 전달하는 방법을 사용합니다. 명상 노트에 만트라를 반복하면서 느꼈던 소리 진동의 감각을 기록해 보세요. 몸의 어느 부위에서 가장 뚜렷하게 느껴졌나요? 이완되는 느낌이었나요, 활력을 주는 느낌이었나요, 아니면 또 다른 느낌이었나요?

- 그 밖에 떠오르는 어떤 것이든 자유롭게 적어 보세요. 이러한 기록들은 자신만의 명상 습관을 만들어 가는 데 참고할 수 있는 중요한 자료가 될 것입니다.

더 깊이 들어가기

조용한 만트라 명상

- 15분 동안 마음속으로 만트라를 반복하는 명상을 해 보세요.

- 오늘 실습한 명상과 같은 방식이지만, 이번에는 소리를 내지 않고 만트라를 속으로만 반복합니다.

- 이 명상에서는 산스크리트어 만트라인 "소 함"을 사용합니다.

- 들숨에는 "소", 날숨에는 "함"을 마음속으로 반복하세요.

- 만약 마음이 만트라에서 벗어나 다른 생각을 하고 있다는 것을 알아차리면, 그 즉시 만트라로 돌아가서 들숨에 "소", 날숨에 "함"을 마음속으로 반복하세요.

- 타이머가 울리면 명상 노트에 조용한 만트라를 사용한 경험을 기록해 보세요.

확언 활용법

확언은 명상에서 조용한 만트라처럼 사용할 수도 있고, 일상에서 계속 떠올리며 스스로에게 상기시키는 용도로도 활용할 수 있습니다. 예를 들어, 사업가의 만트라는 "나는 내 사업을 성공적으로 성장시키고 있다"와 같을 수 있습니다. 잠시 시간을 내어 자신이 이루고자 하는 목표를 떠올리고 이를 지원하는 확언을 만들어 보세요. 확언은 현재 시제로, 긍정적인 관점에서 작성해야 합니다. 예를 들어, "나는 돈 관리를 더 잘할 것이다" 대신 "나는 돈 관리를 책임감 있게 잘한다"라고 하고, "나는 건강에 해로운 음식을 먹지 않는다" 대신 "나는 건강한 음식을 먹는다"와 같이 표현하는 것이 좋습니다.

확언을 매일 볼 수 있는 곳에 적어두세요. 책상 위 메모지나 침대 옆 탁자, 욕실 거울, 지갑 속 카드 등이 좋습니다. 그리고 하루 동안 이 확언을 마음속으로 반복하면서 목표를 이루는 모습을 생생하게 그려 보세요. 이렇게 하면 어려움이 생기더라도 흔들리지 않고 목표에 집중할 수 있을 것입니다.

추천 도서

『초월 명상』, 잭 포렘

『디팩 초프라의 완전한 삶』, 디팩 초프라

『의도와 함께 사는 삶』(Living with Intent), 말리카 초프라

『언플러그』(Unplug), 수즈 얄로프 슈워츠

기록 : 8일 차

날짜 : ....　　　시간 : ....

명상 시간 : ....

자세 : ....

사용한 무드라(있다면) : ....

명상하면서 느낀 점을 간단히 표현해 주세요(예: 쉬움, 어려움, 편안함, 지루함 등) :

....

....

....

....

....

....

....

....

"괴로움을 일으키는 감정들—질투, 분노, 증오, 두려움—은 끝낼 수 있습니다. 이 감정들은 그저 일시적인 것이며 하늘의 흘러가는 구름처럼 항상 지나간다는 것을 깨달으면, 이 감정들을 마침내 놓아 보낼 수 있음을 알게 됩니다."

— 달라이 라마

힘든 감정과 함께 앉기 명상

명상 길이: 20분

무엇인가요?

우리는 누구나 힘든 감정을 안고 살아갑니다. 이러한 불편한 감정은 대인관계에서의 갈등, 직장 생활의 스트레스, 혹은 일상의 여러 상황에서 비롯됩니다. '힘든 감정과 함께 앉기' 명상은 이러한 감정을 회피하거나 억누르지 않고, 의식적으로 알아차리고 받아들이는 연습입니다. 다섯째 날의 '감정 관찰하기 명상'에서는 감정이 밀려왔다가 사라지는 흐름을 지켜보는 연습을 했습니다. 오늘은 여기서 한 걸음 더 나아가, 힘든 감정에 대한 두려움과 저항을 마주하며 정서적 강인함을 키우는 연습을 할 것입니다.

삶을 살아가며 우리는 누구나 크고 작은 시련을 겪습니다. 그 어려움을 겪고 난 후 우리는 어떻게 변할까요? 시련은 우리를 이전과는 다른 사람으로 변화시킵니다. 우리는 그 경험을 통해 배움을 얻으며, 시련이 주는 가르침을 열린 마음으로 받아들일 때 비로소 성장합니다.

오늘의 명상은 이러한 경험과 관련된 감정을 다루는 연습입니다. 죄책감, 좌절감, 슬픔, 분노, 외로움, 원한, 수치심 등 우리가 흔히 피하고 싶어 하는 감정들입니다. 하지만 이런 감정들을 외면하지 않고 정면으로 마주할 때 비로소 진정한 힘을 기를 수 있습니다. 이 연습을 통해 여러분은 감정에 휘둘리지 않고, 스스로 감정을 다룰 수 있는 주도권을 갖게 될 것입니다.

우리는 흔히 삶의 여러 상황에 휘둘리며 살아갑니다. 힘든 감정은 특정 상황에서 불쑥 떠오르곤 합니다. 하지만 '힘든 감정과 함께 앉기' 명상에서는 어떤 감정을 마주할 것인지, 언제 그리고 어디서 마주할 것인지를 스스로 선택할 수 있습니다. 이것이 중요한 이유는 감정을 다루는 주도권이 나에게 있기 때문입니다. 마치 자신의 홈구장에서 경기를 하는 것처럼, 익숙한 환경에서 감정을 마주하는 것이 훨씬 유리합니다. 여기서 기억해야 할 점은 우리가 경험하는 상황 자체가 감정을 만들어내는 것이 아니라는 사실입니다. 감정은 특정 상황에서 촉발되지만, 그 뿌리에는 내면의 두려움, 무지, 과거의 상처 등이 자리 잡고 있습니다. 힘든 감정은 종종 예기치 않게 나타나 우리의 판단력을 흐리고, 상황에 효과적으로 대처하는 능력을 방해하곤 합니다. 이때 감정을 조절하는 능력이 있다면 상황을 더욱 명확하게 보고 보다 현명한 결정을 내릴 수 있습니다.

오늘은 명상 프로그램의 아홉째 날입니다. 그동안 제가 늘 방해받지 않는 조용한 장소에서 명상할 것을 권장했던 점을 눈치채셨을 것입니다. 이는 단순히 환경을 조성하기 위한 것만이 아니라, 명상 도중 힘든 감정이 떠올랐을 때 이를 안전하게 다룰 수 있도록 대비하는 목적도 있습니다. 집과 같이 안전한 공간에서 혼자 명상하면, 같은 감정이라도 직장이나 공공장소 혹은 다른 사람과 함께 있을 때보다 더욱 명료하고 차분하게 바라볼 수 있기 때문입니다.

얻을 수 있는 것

힘든 감정과 함께 앉기 명상은 우리의 삶을 더욱 깊이 이해하고 풍요롭게 만드는 가장 단순하면서도 강력한 방법 중 하나입니다. 이 명상을 꾸준히 실천하면 다음과 같은 변화를 경험할 수 있습니다.

정서적 성숙 현대 사회는 끊임없는 자극과 정보로 우리에게 긴박감과 조급함을 불러일으킵니다. 우리는 하루하루를 바쁘게 보내느라 자신에게 진정 중요한 감정이나 경험을 충분히 느끼고 이해할 기회를 자주 놓치곤 합니다. 예를 들어, 가까운 사람과 갈등이 생겼을 때 불편한 감정을 제대로 들여다보지 않고 서둘러 문제를 덮어 버리거나 회피하는 경우가 많습니다. 또는 일상에서 스트레스나 걱정거리가 생기면 그저 빨리 잊으려고 애쓰며 내면의 불안을 쌓아둘 수도 있습니다. 이렇게 자신의 감정을 충분히 알아차리고 다루지 않으면 점차 자신의 내면을 이해하고 표현하는 능력이 약해지는데, 이것이 바로 정서적 미성숙의 신호입니다. 반면 정서적으로 성숙한 사람은 자신의 감정을 회피하지 않고 그 감정과 함께 앉아 충분히 경험하며, 그 안에서 무엇을 배울 수 있는지 열린 마음으로 바라봅니다. 정서적으로 성숙해지면 우리 삶 전체가 달라집니다. 명확한 사고와 깊은 공감 능력을 바탕으로 지혜로운 판단을 내릴 수 있으며, 자신이 겪어온 깊은 경험에서 우러나는 힘으로 도전에 맞서고 문제를 해결하며 실수를 인정하고 바로잡을 수 있습니다.

감정에 휘둘리지 않는 힘 감정적으로 격해진 상태에서 즉각 반응하면 인간관계나 직장 생활에서 돌이킬 수 없는 피해를 입을 수 있고, 시간과 같은 소중한 자원을 낭비하게 됩니다. '힘든 감정과 함께 앉기' 명상은 이러한 즉각적이고 습관적인 반응에서 벗어나도록 돕는 효과적인 연습입니다. 명상 속에서 힘든 감정을 있는 그대로 받아들이고 충분히 경험하는 연습을 하면 일상에서도 힘든 감정이 올라올 때 즉각적으로 반응하지 않고 잠시 멈출 수 있으며, 자신의 경험을 더 깊이 이해할 수 있게 됩니다. 이처럼 안전한 공간에서 정기적으로 자신의 감정을 표현하고 충분히 경험하면, 억눌린 감정이 폭발할 가능성이 줄어들고 감정에 휩쓸려 후회할 말이나 행동을 하는 일도 현저히 줄어듭니다.

감정적 주도권 회복 스마트폰과 같은 디지털 환경은 우리의 감정을 끊임없이 자극합니다. 아름답고 평화로운 풍경 사진을 보다가도 갑자기 충격적이고 참혹한 뉴스를 접하게 되는 등, 우리는 예측하기 어려운 감정 변화를 자주 겪습니다. '힘든 감정과 함께 앉기' 명상은 이러한 외부 자극 속에서도 자신의 감정을 조용히 마주하고 그 의미를 충분히 이해할 수 있도록 돕습니다. 이를 통해 외부 자극에 쉽게 흔들리지 않는 내면의 균형을 유지하고 감정적 주도권을 회복할 수 있습니다.

자기 이해와 통찰 '힘든 감정과 함께 앉기' 명상은 우리가 경험하는 감정의 근본적인 원인을 이해하는 데 도움을 줍니다. 힘든 감정을 외면하거나 피하지 않고 그 감정과 함께 마주하고 앉을 수 있게 되면, 그 감정과 소통하고 스스로 질문을 던질 수 있는 힘이 생깁니다. 예를 들어, "내가 오늘 우울하고 슬픈 이유가 개인적인 상황 때문일까, 아니면 최근 접한 충격적인 뉴스 때문일까?"라고 스스로 물어 보며 자신의 감정을 깊이 탐구하고 이해할 수 있습니다.

준비물

오늘의 명상은 다른 명상과 마찬가지로 특별히 복잡한 준비물이 필요하지 않습니다. 바닥에 앉을지 의자에 앉을지는 본인의 선택이며, 명상을 어디에서 할 것인지(집, 직장 등)와 당일의 컨디션에 따라 환경을 조정할 수 있습니다. 오늘 준비할 것은 다음과 같습니다.

- 등을 편안하게 세우고 앉을 수 있는 의자나 방석

- 방해받지 않을 조용한 장소 (예: 누군가 갑자기 들어올 염려가 없는 곳)

- 타이머 (스마트폰 사용 시 방해받지 않도록 비행기 모드나 무음으로 설정)

- 명상 노트와 필기도구

감정에 압도될 것 같을 때

이 명상은 시간이 지나면서, 혹은 어떤 사람들에게는 즉시 고통스러운 감정을 불러일으키거나 힘든 기억을 떠올리게 할 수도 있습니다. 이럴 경우 슬픔이나 두려움 같은 강한 감정을 가라앉힐 수 있는 몇 가지 방법이 있습니다. 가장 간단한 방법은 명상을 천천히 마치는 것입니다. 눈을 천천히 뜨고 깊게 숨을 들이마셨다가 내쉬며 조용히 앉아 있으세요. 호흡에 집중하다 보면 자연스럽게 마음의 안정을 되찾을 수 있습니다. 또 다른 방법은 힘든 감정에서 잠시 거리를 두고 지금 이 순간 경험하고 있는 다른 감각으로 주의를 옮기는 것입니다. 예를 들어, 자신의 호흡, 몸의 감각, 주변에서 들리는 소리 등에 집중해 보세요. 지금까지 배운 다른 명상 기법을 활용하는 것도 좋은 방법입니다.

시작하기

이번 명상에서는 과거에 부정적 감정을 경험했던 순간을 떠올릴 것입니다. 하지만 큰 상실이나 트라우마와 같은 심각한 경험은 피하고, 덜 부담스러운 상황을 선택하세요. 예를 들어, 직장에서 긴장했던 발표나 최근의 말다툼 같은 경험이 적절합니다. 트라우마를 깊이 탐색하는 것은 전문가의 도움을 받을 때 가장 효과적입니다. 이 연습의 목적은 감정에 압도되는 것이 아니라 힘든 감정을 안정적으로 마주하는 방법을 배우는 데 있습니다.

명상을 시작하기 전에 아래 가이드를 처음부터 끝까지 읽어 보세요. 그렇게 하면 명상 중간에 내용을 확인하느라 흐름이 끊기지 않고 더욱 집중된 명상 경험을 할 수 있습니다.

힘든 감정과 함께 앉기 명상

명상을 시작하기 전에

1. 방해받지 않을 곳에 앉으세요.

2. 잠시 시간을 들여, 명상하는 동안 가능한 한 움직이지 않고 편안하게 유지할 수 있는 자세를 잡으세요.

3. 의도를 정하세요. "나는 앞으로 20분 동안 힘든 감정과 함께 앉는 명상을 하겠습니다. 나는 안전한 공간에 있으며, 힘든 감정이 떠오르는 것을 허용합니다. 만약 감당하기 어려워진다면, 언제든지 눈만 뜨면 된다는 것을 알고 있습니다."

명상 시작하기

1. 타이머를 20분으로 맞추세요.

2. 눈을 부드럽게 감으세요.

3. 호흡에 주의를 기울이세요.

4. 숨을 내쉬며 몸 전체에 이완의 물결이 퍼지도록 하세요. 마치 1초 바디 스캔을 하듯 몸의 긴장을 풀어주세요.

5. 잠시 시간을 들여 모든 저항을 내려놓고 편안하고 열린 마음을 가지세요.

6. 지금 어떤 감정을 느끼고 있는지 알아차려 보세요. 시간이 조금 걸릴 수 있습니다. 편안한가요? 불안한가요? 슬픈가요? 무감각한가요?

7. 지금 느끼는 감정을 단지 알아차리고 인정하세요. (예: "나는 우울하다.")

8. 이제 최근에 두려움이나 분노, 슬픔 같은 부정적 감정을 느꼈던 때를 떠올려 보세요.

9. 그 감정을 느꼈을 때, 어디에 있었나요? 당시의 주변 환경을 떠올려 보세요.

10. 그 감정을 느꼈을 때, 무엇을 했나요? 소리를 질렀나요? 울었나요? 아무것도 하지 않았나요?

11. 이제 지금 이 순간 느끼는 감정을 알아차려 보세요. 아마 방금 떠올린 감정이 다시 느껴질 수 있습니다. 이 감정이 일시적임을 기억하고, 그것을 더 잘 이해하기 위한 하나의 실험으로 받아들이세요.

12. 떠오르는 감정에 대해 이야기를 만들어내고 싶은 충동에 끌려가지 마세요. (예: "남자친구가 늦지만 않았어도 내가 그렇게 화내지 않았을 텐데.")

13. 지금 느끼는 감정의 특성을 탐색해 보세요. 한 가지 이상의 감정이 느껴지나요? 분노와 두려움이 동시에 있나요? 불안과 외로움이 함께 있나요?

14. 떠오르는 감정을 인정하고, 그 감정에 이름을 붙여 보세요. (예: "나는 화가 난다." 또는 단순히 "분노.")

15. 감정을 인정하는 과정을 반복하세요. 그러다 보면 감정이 점차 가라앉을 것입니다. 그 후 또 다른 감정이 떠오르는지 알아차려 보세요.

16. 현재의 감정 상태, 몸의 감각, 떠오르는 생각들을 계속해서 알아차리세요.

17. 어떤 것이 올라오든 계속해서 호흡하세요. 당신은 복잡하고 힘든 감정들을 충분히 담아낼 수 있는 존재입니다. 당신은 침착하고 흔들리지 않으며, 자비롭고 강인하며, 자신감 있는 사람입니다.

스스로 감정을 잘 감당할 수 있다는 마음가짐을 세우는 것만으로도, 어떤 감정이 올라와도 흔들리지 않고 헤쳐 나갈 힘이 생깁니다. 이 명상은 감정적으로 힘든 순간에 실천하기 좋은 연습입니다.

마무리하기

저는 애도 전문가 데이비드 케슬러의 애도 치유 세미나에 참여한 적이 있습니다. 세미나에서 우리는 짝을 지어 마주 앉아 서로에게 자신의 상처와 상실 경험을 나누었습니다. 하지만 상대방을 위로할 때 흔히 사용하는 방식은 허용되지 않았습니다. 말을 건네거나, 휴지를 내밀거나, 손을 잡거나, 안아주는 행동조차 하지 말라는 지침을 받았습니다. 이 연습의 목적은 그저 상대의 슬픔을 있는 그대로 지켜보는 것이었습니다. 휴지를 건네거나 안아주는 행동은 오히려 상대가 자신의 슬픔을 충분히 표현하고 흘려보내는 과정을 방해할 수 있기 때문입니다. 이 경험은 저에게 깊은 치유가 되었습니다. 꼭 누군가와 마주 앉지 않더라도 혼자서 내 감정을 바라보는 것만으로도 같은 치유 효과를 얻을 수 있음을 깨달았습니다. 명상 속에서 슬픔이나 힘든 감정과 함께 앉아 그것을 있는 그대로 마주하는 것은 강력한 자기 돌봄의 행위이며, 깊은 치유와 해방감을 가져다줄 수 있습니다.

이런 명상을 하다 보면 때때로 마음속 깊이 자리한 감정들이 떠오를 수 있습니다. 오랫동안 묻어 두었던 원한이 다시 떠오르기도 하고, 아직 완전히 극복하지 못한 과거의 경험이 되살아나기도 합니다. 때로는 우리를 가로막았던 장애물이나 가슴 아픈 기억이 다시 나타날 수도 있습니다. 많은 경우, 우리가 애써 외면하거나 억누르려 했던 바로 그 감정이 명상 중에 떠오릅니다. 하지만 이것은 이 명상 연습에서 자연스럽고 중요한 과정입니다. 이 연습은 정신적·감정적 회복력을 기르는 훈련으로, 자신에 대한 더 깊은 이해와 내면의 강인함을 키우는 데 도움을 줍니다.

마리안 윌리엄슨은 저서 『눈물에서 깨달음으로』에서 유대교, 기독교, 불교의 사례를 들며 고통이 오래전부터 깊은 지혜를 가져다준다고 여겨져 왔음을 설명합니다. 이러한 믿음은 전 세계 여러 토착 문화에서도 공통으로 발견됩니다. 실제로 북미와 남미, 아프리카, 동남아시아의 원주민 전통에서는 벼락을 맞거나 심각한 질병을 앓거나 혹은 생명의 위협을 받은 사람이 이를 온전히 극복하게 되면, 그 경험을 통해 깊은 지혜를 얻고 특별한 치유력을 부여받게 된다고 믿어왔습니다.

아래 질문들을 참고하여 오늘 명상에서 떠오른 경험들을 명상 노트에 적어 보세요. 최대한 솔직하게 기록하는 것이 중요합니다. 이 기록은 자신의 명상 과정을 점검하는 데 도움을 주는 중요한 자료가 됩니다. 기록을 더 자세히 남길수록 더 많은 통찰과 배움을 얻을 수 있습니다.

- 특정 인물이 떠올랐나요?

- 그 사람을 생각할 때 여전히 씁쓸함, 분노, 불쾌감 같은 감정이 남아 있나요?

- 예상치 못한 부정적 감정이 올라와 놀라지는 않았나요?

- 그런 감정들이 자연스럽게 올라오도록 허용했나요?

- 내면에서 저항감이 느껴졌나요? 그로 인해 감정이 완전히 드러나

지 않고 일부만 나타나지는 않았나요?

더 깊이 들어가기

오래된 원한이나 감정을 놓아 보내는 글쓰기 명상

- 명상 중에 당신에게 상처를 주었거나 화나게 했던 사람이 떠올랐나요? 또는 소중하게 여기는 사람을 해쳤던 인물이 떠올랐나요? 그렇다면 그들에게 편지를 써 보세요. 이 편지는 다른 누구에게도 보여줄 필요가 없으니 걱정하지 마세요. 다만 편지를 쓰면서 그들이 편지를 직접 읽는 모습을 상상해 보면 도움이 될 수 있습니다.

- 무엇이 자신을 화나게 했는지, 어떤 점에서 상처받았는지를 솔직하고 분명하게 적어 보세요.

- 정직하고 성숙하며, 지혜롭고 용기 있게 자신이 느낀 감정을 그대로 적어 보세요. 몇 문장이라도 괜찮습니다. 자세하고 구체적으로 쓸수록 감정을 정리하는 데 더 큰 도움이 됩니다.

- 당신이 하고 싶은 말을 다 적었다면, 다음 문장을 진심을 담아 적어 보세요. "나는 과거를 바꿀 수 없다는 것을 압니다. 나는 이 원한과 감정을 놓아 보내기로 선택합니다. 나는 당신에 대한 판단을 내려 놓고, 나 자신과 이 상황에 관련된 모든 사람들에 대한 판단도 내려 놓습니다. 나는 잘못된 행동을 정당화하거나 용납하는 것이 아닙니

다. 다만 이 상황과 관련된 힘든 감정의 무게를 내려놓고 모든 것을 있는 그대로 받아들이며 앞으로 나아갈 것입니다."

- 편지에 서명합니다.

- 잠시 눈을 감고 그들이 이 편지를 받는 모습을 상상해 보세요. 몇 번 깊게 호흡한 후, 편지를 찢거나 버리거나 태우세요. 이것은 감정을 놓아 보내고 앞으로 나아가는 의식이 될 것입니다.

추천 도서

『눈물에서 깨달음으로』(Tears to Triumph), 마리안 윌리엄슨
『루이스 헤이의 치유 수업』, 루이스 헤이, 데이비드 케슬러
『모든 것이 산산이 무너질 때』, 페마 쵸드론

기록 : 9일 차

날짜 : ....   시간 : ....

명상 시간 : ....

자세 : ....

사용한 무드라(있다면) : ....

명상하면서 느낀 점을 간단히 표현해 주세요(예: 쉬움, 어려움, 편안함, 지루함 등) :

....

....

....

....

....

....

....

....

자애 명상

명상 길이: 20분

무엇인가요?

자애(메타) 명상 또는 하트풀니스 명상이라고도 불리는 이 마음챙김 기반 명상법은 무조건적인 사랑을 의도적으로 불러일으켜 세상을 바라보고 느끼는 관점을 넓혀줍니다. 자애 명상에서는 모든 존재에게 열린 마음으로 사랑을 보내는 연습을 합니다. 여기에는 사람, 반려동물, 곤충, 나무, 지구, 그리고 자기 자신까지 포함됩니다. 처음부터 이 모든 것을 사랑하기는 쉽지 않지만, 걱정하지 마세요. 작은 단계부터 시작하면 됩니다. 이 기법은 예수님의 가르침을 따르는 사람들에게도 친숙한 수행으로, 요한복음 13장 34절의 "서로 사랑하라"는 새 계명과 맥을 같이합니다.

자애 명상의 효과는 매우 놀랍습니다. 여러 연구에 따르면, 자애 명상을 꾸준히 실천한 사람들의 뇌에서 회백질이 증가하는 등 구조적인 변화가 관찰되었습니다. 이러한 변화는 인지 기능, 공감 능력, 사회적 상호작용, 감정 처리와 관련된 뇌 영역에서 두드러지게 나타났습니다.

처음에는 이 명상이 단순해 보일 수도 있지만, 예상치 못한 어려움과 마주하기도 합니다. 한 학생이 이렇게 말한 적이 있습니다. "자애 명상을 할 때, 저 자신에게 자애를 보내지 않아도 된다고 생각하면 훨씬 더 쉬워지는 것 같아요." 저는 이렇게 답했습니다. "바로 그 이유 때문에 자애 명상은 처음과 끝에 자기 자신에게 집중하는 거예요." 자신에게 자애를 베푸는 것이 어렵다는 이 학생의 고백이 낯설게 느껴질 수도 있지만, 사실 이는 흔히 경험하는 일입니다. 우리는 종종 부정적인 혼잣말과 과도한 자기비판을 하며, 때로는 은밀한 자기혐오까지 품고 살아갑니다. 물론 건강한 자기 인식은 중요합니다. 이를 통해 성장하고, 잘못을 바로잡으며, 과거의 상처를 치유할 수 있기 때문입니다. 하지만 명상이라는 안전하고 사적인 공간에서조차 자신에게 자애를 베푸는 것이 어렵게 느껴진다면, 실제 삶에서도 자신에게 지나치게 엄격한 태도를 가지고 있을 가능성이 큽니다.

자애 명상은 자기 자신을 있는 그대로 받아들이고 조건 없는 사랑을 기르는 데서 시작됩니다. 자신의 불완전함, 성격상의 결점, 과거의 실수와 무관하게, 무조건적이고 끝없는 사랑을 자신에게 보내는 연습입니다. 먼저 사랑이 가득한 내면의 공간을 만들어 보세요. 진정으로 그 사랑을 느끼게 되면, 이제 당신을 아껴준 가족과 친한 친구들, 반려동물을 그 사랑의 공간으로 초대해 보세요. 다음으로 마음을 조금 더 열어, 이웃이나 직장 동료처럼 덜 친밀한 사람들도 초대해 그들에게도 사랑을 보내세요. 나아가 낯선 사람들, 유명인들, 그리고 가장 중요하게는 당신과 불편한 관계에 있는 사람들을 떠올리고, 그들까지도 마음 속 사랑의 공간에 초대해 보세요. 마지막으로, 이 사랑의 공간을 더욱 넓혀 이 세상의 모든 사람들, 동물들, 식물들, 행성들, 별들, 그리고 우주에 존재하는 모든 생명체들에게 그 사랑을 나누세요.

이 연습은 내면 깊이 들어가서 자신을 향한 무조건적인 수용과 연민을 진정으로 경험한 뒤, 그 사랑을 가족과 사회적·직업적 관계를 넘어 온 우주로 점차 넓혀 가는 과정입니다.

얻을 수 있는 것

자애 명상은 지금까지 소개된 아홉 가지 명상 기법의 정점이라 할 수 있습니다. 이 명상은 깊은 집중(첫째 날), 열린 알아차림(둘째 날), 감정 관찰(다섯째 날), 힘든 감정 마주하기(아홉째 날) 등의 기술을 모두 요구합니다. 오늘의 명상에서는 긍정적인 감정을 불러일으키고, 시야를 확장하며, 세상을 새로운 관점으로 바라보는 연습을 하게 됩니다. 이를 통해 더 깊고 온전한 진리에 마음을 열고, 진정한 자기 수용을 경험하게 될 것입니다.

자애 명상을 실천하면 다음과 같은 변화를 경험할 수 있습니다.

긍정적인 감정 증가와 신체 건강 증진 긍정심리학자 바버라 프레드릭슨 박사의 연구에 따르면, 자애 명상을 규칙적으로 실천하면 전반적인 신체 건강이 향상되고, 사랑, 기쁨, 감사, 만족감, 희망, 자부심, 흥미, 즐거움, 경외감 등 다양한 긍정적인 감정이 증가하는 것으로 나타났습니다.

타인과의 소통 및 공감 능력 향상 자애 명상을 오랜 기간 실천한 사람들은 뇌의 회백질 부피가 증가한 것으로 나타났습니다. 특히, 공감, 사회적 상황 이해, 언어적 소통과 관련된 부위인 해마곁이랑에서 뚜렷한 변화가 관찰되었습니다.

자기 연민과 수용 자애 명상에서는 명상의 처음과 끝에 자기 자신에게 자애를 보내고 이를 온전히 받아들이는 연습을 합니다. 이는 명상 중에 형성되는 진정한 유대감을 경험하는 데 핵심적인 역할을 합니다. 스스로에게 보내는 연민과 수용, 무조건적인 사랑을 얼마나 깊이 느끼고 받아들이는지가 이후 명상 과정 전반에 큰 영향을 미칩니다. 자신을 깊이 용서하고 수용하는 경험은 강력한 치유의 힘을 지니며, 자기 비판과 자기 파괴로 인해 닫혀 있던 마음의 문을 열어줄 수 있습니다.

통증 감소 연구에 따르면, 자애 명상은 편두통과 만성 통증을 완화하고, 통증과 관련된 분노, 정서적 긴장, 심리적 괴로움을 줄이는 데 효과적이라고 합니다.

염증 감소 한 연구 결과에 따르면, 매일 규칙적으로 자애 명상을 실천했더니 신체 내 염증 수치가 눈에 띄게 감소했다고 합니다.

스트레스 감소 자애 명상은 개인적 어려움을 더 넓고 균형 잡힌 시각으로 바라보도록 도와줍니다. 또한 마음챙김 명상 중 경험하는 신체적

이완은 긴장과 스트레스를 해소하고, 대신 평온함과 지혜가 자리 잡도록 합니다. 더 나아가 몇몇 연구에서는 자애 명상이 심리적 외상을 겪은 이들의 우울증과 외상후 스트레스장애 치료에도 효과적인 것으로 나타났습니다.

장수 연구 결과 자애 명상을 통해 생기는 긍정적인 감정은 삶의 질을 높일 뿐 아니라 수명을 연장하는 데도 도움이 된다고 밝혀졌습니다. 실제로 하버드 의대 연구에서 자애 명상을 꾸준히 실천한 사람들이 그렇지 않은 사람들보다 텔로미어 길이가 긴 것으로 나타났습니다. 텔로미어 길이는 노화를 나타내는 생물학적 지표입니다.

준비물

- 오늘의 명상에는 다음이 필요합니다.

- 등을 편안하게 세우고 앉을 수 있는 의자나 방석

- 방해받지 않을 조용한 장소 (예: 누군가 갑자기 들어올 염려가 없는 곳)

- 타이머 (스마트폰 사용 시 방해받지 않도록 비행기 모드나 무음으로 설정)

- 명상 노트와 필기도구

시작하기

전통적으로 자애 명상에서는 자신에게 먼저 자애를 보내고, 다음으로 다른 사람들에게, 마지막으로 세상 모든 존재에게까지 자애를 확장해 나갑니다. 이때 자애를 담은 문장이나 구절을 반복하는데, 이를 "하트풀니스 만트라"라고 부릅니다. 구체적인 표현은 다양할 수 있지만 핵심 메시지는 같습니다. 제가 좋아하는 버전은 다음과 같습니다.

> "당신의 마음이 진리를 알고, 당신의 가슴이 사랑을 알기를.
> 당신이 해를 입지 않고, 해를 끼치지도 않기를.
> 당신과 당신의 모든 관계가 견고하고, 건강하며,
> 행복하고, 충만하기를,
> 모든 존재의 이익을 위해."

필요하다면 이 책을 무릎 위에 놓고 하트풀니스 만트라를 참고하며 진행해도 좋습니다. 이 문구는 소리 내어 말하거나, 마음속으로 조용히 반복하거나, 또는 자애의 느낌을 빛으로 시각화하여 명상 중 떠오르는 모든 존재의 마음과 가슴을 환하게 밝힐 수도 있습니다.

자애 명상

명상을 시작하기 전에

1. 방해받지 않을 곳에 앉으세요.

2. 잠시 시간을 들여, 명상하는 동안 가능한 한 움직이지 않고 편안하게 유지할 수 있는 자세를 잡으세요.

3. 다음 중 자신에게 가장 편한 방식을 선택하세요.

   - 자애의 문구를 소리 내어 말하기

   - 마음속으로 조용히 반복하기

   - 자애, 행복, 기쁨, 건강, 명료함, 선함을 시각화하기

4. 의도를 정하세요. "나는 앞으로 20분 동안 자애 명상을 하겠습니다. 명상하는 동안 떠오르는 모든 존재와 무조건적인 자애를 주고받겠습니다. 이 과정에서 일어나는 모든 느낌과 경험을 있는 그대로 알아차리겠습니다."

명상을 시작하기

1. 타이머를 20분으로 맞추세요.

2. 눈을 부드럽게 감으세요.

3. 호흡에 주의를 기울이세요. 몇 차례 숨을 천천히 쉬면서, 몸과 마음을 가라앉히고 현재에 온전히 머무르세요.

4. 숨을 들이쉴 때 자애의 느낌이 온몸에 가득 채워지는 것을 느껴 보세요.

5. 잠시 온몸을 스캔하며, 팔다리부터 뼈, 근육, 장기, 세포 하나하나까지 자애의 마음을 보내 보세요.

6. 내면 깊은 곳에서 자애의 빛이 나와 사방으로 퍼져 나가는 것을 느껴 보세요. 그리고 자신을 위해 하트풀니스 만트라를 반복하세요. ("내 마음이 진리를 알고 내 가슴이 사랑을 알기를.")

7. 어린 시절 즐겁게 놀고 웃었던 행복한 기억을 떠올리는 것도 자애의 느낌을 불러오는 데 도움이 됩니다.

8. 이제 사랑하기 쉬운 존재(반려동물, 아기, 아주 가까운 사람)를 마음에 초대해 보세요. 그들에게 무한한 자애를 보내며, 그들을 위해 하트풀니스 만트라를 반복해 보세요.

9. 당신이 진심으로 사랑하는 모든 사람들을 마음에 초대해 자애를 보내세요. 그들이 자애의 빛으로 환하게 빛나는 모습을 그려보거나, 그들을 위해 하트풀니스 만트라를 반복해 보세요.

10. 또 다른 얼굴이 떠오를 때마다 이 과정을 반복하세요.

11. 서두르거나 억지로 하려 하지 말고 자연스러운 흐름에 맡기세요.

12. 특별히 더 오래 떠올리고 싶은 사람이 있다면 그렇게 해도 좋습니다.

13. 친구들, 그리고 함께 일하는 사람들을 떠올려 보세요. 그들에게 자애를 보내며 만트라를 반복해 보세요.

14. 몸에 어떤 느낌이 드는지 알아차리고, 호흡으로 흘려보내세요. 움직이지 말고 호흡과 심장 박동만 느껴 보세요.

15. 불편한 사람이 떠오르더라도 가능한 한 편안하게 있으세요.

16. 이제 고통받고 있는 누군가를 떠올려 보세요. 그 사람에게 자애를 보내며 만트라를 반복해 보세요.

17. 이제 낯선 사람들, 유명인, 그리고 불편한 관계에 있는 사람들을 떠올려 보세요. 마음에 저항감이 생기면 호흡으로 흘려보내세요. 그들의 건강하고 행복한 모습을 그려 보며, 자애를 보내고 만트라를 반복해 보세요.

18. 이제 이 세상에 있는 모든 사람들을 떠올려 보세요.

19. 이 세상에 있는 모든 동물들을 떠올려 보세요.

20. 이 세상에 있는 모든 식물, 숲, 산, 들판, 강, 바다, 마을, 도시를 떠올려 보세요. 그 모든 것을 위해 만트라를 반복해 보세요.

21. 우주 저 멀리 사방에 존재하는 모든 행성과 별들, 그리고 미지의 공간과 존재들을 떠올려 보세요. 그 모든 것을 위해 만트라를 반복해 보세요.

22. 깊이 숨을 들이쉬며 내가 모든 존재, 그리고 온 우주와 연결되어 있음을 느껴 보세요. 다시 한 번 나를 위해 만트라를 반복하세요.

23. 타이머가 울릴 때까지 고요하고 깨어 있는 마음으로 쉬세요.

마무리하기

명상을 마칠 때는 언제나처럼 천천히, 부드럽게 끝내세요. 서두르지 말고 여유롭게 명상을 마무리하는 시간을 가지세요. 이렇게 하면 명상 중에 얻은 평온하고 집중된 상태를 일상에서도 유지할 수 있습니다.

명상을 마친 후, 이 장 끝에 마련된 공간에 오늘의 명상 경험을 기록해 보세요.

- 자애 명상의 첫 번째 단계는 '무조건적인 사랑'이 무엇인지 진지하게 생각해 보는 것입니다. 자비나 사랑과 같은 추상적인 개념은 말로 설명할 수는 있습니다. 하지만 이 명상의 핵심은 그것을 실제로 몸과 마음으로 경험하는 것입니다. 즉, 자신이 그 감정을 진정으로 느껴 보는 것이 중요합니다. 명상 노트를 펴고 충분한 시간을 들여 아래의 질문에 답해 보세요.

- 내가 자애를 보내기 쉬운 사람은 누구인가요? (예: "할머니와의 추억은 대부분 긍정적이라서, 할머니를 떠올리면 기쁨과 사랑, 따뜻한 감정이 일어납니다. 그래서 할머니에게는 자애를 보내는 것이 쉽습니다.")

- 자애의 감정을 쉽게 떠올릴 수 있도록 도와주는 다른 이미지나 기억은 무엇인가요? ("내가 정말 좋아하는 것들은…" 하고 떠올려 보세요.)

- 자애 명상의 진정한 힘은 자신 내면에서 자애의 감정을 불러일으켜, 평소 관계가 어렵거나 불편했던 사람들, 심지어 내가 좋아하

지 않는 공적 인물에게까지도 그 마음을 보내줄 수 있을 때 발휘됩
니다.

- 이번 명상 중 떠올렸을 때 가장 힘들었던 사람은 누구였나요? (예:
  "정말 싫어하는 정치인의 얼굴이 떠올라서 힘들었습니다. 하지만 처음 느껴
  진 불편한 감정을 호흡과 함께 내려놓고, 그 사람의 단점을 넘어서 무조건적
  인 사랑을 보낼 수 있었습니다. 곧 다른 사람이 떠오르면서 자연스럽게 넘어
  갔습니다.")

- 그 밖에 명상 중 떠오른 생각이나 경험을 자유롭게 적어 보세요. 자
  애의 감정을 보내는 것이 쉬웠나요? 나 자신을 위해 자애를 받아들
  이는 것은 어땠나요?

더 깊이 들어가기

자애 쓰기 명상

명상 노트의 새 페이지를 펴고, 맨 위나 중앙에 하트풀니스 만트라를
적으세요. 만트라를 쓸 때는 시간을 들여, 마음을 담아 선명하고 아름
답게 써 보세요. 타이머를 10분에서 20분 정도 맞추세요. 이제 눈을 감
고 마음속에서 자애의 감정을 불러일으키세요. 자애가 충분히 느껴지
면 눈을 뜨고, 떠오르는 사람들의 이름을 모두 써 내려가세요. 줄 위에
써도 좋고, 줄에서 벗어나도 좋고, 빠르게 또는 천천히 자유롭게 써 내
려가세요. 마지막에는 서명과 날짜를 남기세요.

자애 걷기 명상

여섯째 날에는 걷기 명상을 연습했습니다. 이번에는 조금 다른 방식으로 진행해 봅니다. 걷기 명상을 실천하면서 보이는 풍경, 들리는 소리, 느껴지는 감각을 알아차리는 것 외에도, 마주치는 모든 존재에게 마음속으로 하트풀니스 만트라를 전해 보세요.

자애 바디스캔 명상

일곱째 날에 배웠던 바디스캔 명상은 편히 누워 몸 전체를 천천히 훑어 내려가는 연습이었습니다. 이번에는 몸의 각 부위에서 긴장을 풀어 주는 것에 더해, 각 부위에 잠시 머물며 건강하고 생명력으로 빛나는 모습을 상상하며 자애의 마음을 보내 보세요.

직장, 학교, 공동체를 위한 자애 명상

직장 동료, 학교의 학생이나 교사, 혹은 함께 활동하는 팀원과 공동체 구성원들을 떠올려 보세요. 한 번에 한 그룹씩 마음에 떠올리며, 그들 각자에게 자애의 마음을 보내세요. 이 명상을 통해 그들이 행복하고 건강하기를 바라며, 무조건적인 자애의 에너지를 전해 보세요. 꼭 가까운 사람이 아니더라도, 같은 공동체에 속한 사람들에게 자애를 보내는 이 연습은 여러분 자신과 공동체 전체에 긍정적인 영향을 미칠 수 있습니다.

가족 치유를 위한 자애 명상

가족 사진을 눈앞에 두고, 사진 속의 가족 구성원 한 사람 한 사람에게 따뜻한 자애의 마음을 보내 보세요. 많은 가족들이 그러하듯이, 여러분의 가족 역시 아직 풀리지 않은 감정과 갈등, 해결되지 않은 상처가 있을 수 있습니다. 각 가족 구성원에게 무조건적인 자애를 보낼 때 마음속에서 어떤 생각과 감정이 일어나는지 알아차려 보세요. 명상을 마친 후에는 이 경험을 명상 노트에 기록해 보세요.

추천 도서

『진정한 사랑』(Real Love), 샤론 샐즈버그

『사랑과 외로움에 대하여』, 지두 크리슈나무르티

『틱낫한의 사랑이란 무엇인가?』, 틱낙한

『당신이 우주다』, 디팩 초프라, 미나스 카파토스

기록 : 10일 차

날짜 : ....   시간 : ....

명상 시간 : ....

자세 : ....

사용한 무드라(있다면) : ....

명상하면서 느낀 점을 간단히 표현해 주세요(예: 쉬움, 어려움, 편안함, 지루함 등) :

....

....

....

....

....

....

....

....

새로운 명상 습관 만들기

모든 것을 하나로 통합하기

축하합니다! 이제 여러분은 명상하는 사람이 되었습니다. 새로운 습관을 유지하는 것이 결코 쉬운 일이 아닌데, 여러분은 그걸 해냈습니다. 이로써 여러분은 명상의 첫걸음을 내디뎠고, 변화의 여정을 시작했습니다. 잠시 시간을 내어 여러분 자신과 주변 사람들을 위한 이 멋진 선물을 온전히 느껴 보세요. 사랑하는 이들에게 줄 수 있는 최고의 선물은 더 나은 사람이 되어 그들과 함께하는 것이니까요.

지금까지 여러분은 열 가지의 다양한 명상법을 경험해 보았습니다. 새롭게 배운 정보도 많고 각 명상법 간의 미묘한 차이도 있어서, 10일 프로그램을 마치고 이제 혼자서 명상을 이어갈 때 어떤 방식을 택할지 고민이 될 수 있습니다. 만약 지난 10일간 사용한 가이드가 유용했다면 첫째 날부터 다시 시작해서 매일 명상하는 습관을 더욱 견고히 다지는 것도 좋습니다. 각 날의 명상에는 '더 깊이 들어가기' 심화 연습이 포함되어 있었는데, 지난 10일 동안 그 연습들을 충분히 활용해 보셨나요? 만약 그렇지 않았다면 이제부터 그런 심화 연습을 시도해 보는 것도 좋은 출발점이 될 수 있습니다.

꾸준한 명상 습관을 만들 준비가 되었다면 명상의 효과를 오래도록 누릴 수 있는 방법을 안내해 드리겠습니다.

나만의 명상 습관 만들기

매일 명상을 실천하려면 방해받지 않고 명상할 수 있는 일정한 시간과 장소를 정하는 것이 중요합니다. 이 시간은 오롯이 나를 위한 시간이므로, 스스로 우선순위를 두고 지키며 주변 사람들도 이를 존중하도록 해주세요.

제 경험상 아침 명상을 최대한 간편하게 준비해 둘수록 꾸준히 실천할 가능성이 높아졌습니다. 제가 사용하는 방법은 명상 방석을 항상 준비해 두는 것입니다. 아침에 눈을 뜨자마자 바로 방석으로 가서 명상을 시작합니다. 하루 중 스트레스가 많거나 머릿속이 복잡하거나 감정적으로 힘들 때도, 방석에 앉아 몇 분이라도 명상을 하면서 마음을 다스립니다.

각자에게 맞는 명상 방식은 다를 수밖에 없습니다. 지금까지 작성한 명상 노트를 살펴보며, 어떤 시간대와 명상법이 나에게 가장 잘 맞았는지 확인해 보세요. 지난 10일간의 경험을 되짚어 보며, 다음 질문들에 답하면서 자신만의 명상 계획을 명상 노트에 정리해 보세요.

- 하루 중 가장 명상하기 좋았던 시간대는 언제였나요?

- 가장 마음에 들었던 명상법은 무엇인가요?

- 선호하는 명상 자세가 있나요?

- 특별히 강한 감정을 불러일으킨 명상이 있었나요?

- 특별히 마음을 편안하게 해준 명상이 있었나요?

꾸준한 명상 습관 만들기

명상에서 가장 중요한 것은 꾸준함입니다. 하루 이틀 명상을 건너뛰다 보면 몇 달 동안 명상을 멈추게 될 수도 있습니다. 명상 습관을 꾸준히 이어가세요! 만약 정해진 아침(또는 저녁, 점심) 명상 시간을 놓쳤다면, 하루 중 다른 시간에 10분 정도라도 짧게 명상해 보세요.

명상이 깊어질수록 느끼는 변화들을 명상 노트에 계속 기록해 보세요. 일상에서 일어나는 변화들도 기록하면 도움이 됩니다. 예를 들어, 나쁜 소식을 들었을 때 평소보다 감정적으로 덜 반응하게 되었나요? 그 경험을 구체적으로 기록해 보세요. 음식을 먹을 때 평소보다 더 깊은 감사함을 느꼈나요? 그런 순간들도 적어 두세요. 명상 노트를 항상 가까이 두고, 명상 연습의 진행 상황이나 창의적인 아이디어를 기록하고 때로는 글쓰기 명상(열째 날의 '더 깊이 들어가기' 참고)을 할 때도 활용하세요.

다양한 명상을 시도해 보세요! 앞서 말했듯이, 이 10일 명상 프로그램을 처음부터 다시 반복하는 것도 좋습니다. 개인적으로 여러 스타일의 명상을 번갈아 해 보면 명상 시간이 더 신선하고 흥미롭게 유지된다고 느꼈습니다. 마치 운동도 다양하게 바꿔가며 해야 꾸준히 재미있고 효과가 좋은 것과 같습니다. 어떤 명상을 할지 정할 때는 명상을 통해 무엇을 얻고 싶은지 생각해 보세요. 스트레스를 풀고 편하게 쉬고 싶나요? 밤에 잠을 못자고 있어서 푹 자고 싶나요? 지난 10일간 명상 노트에 기록한 내용을 되돌아보며, 앞으로의 명상 목표를 더 명확히 설정해 보세요.

유연한 명상 습관이야말로 오래 지속할 수 있는 명상 습관입니다. 일관성과 유연성 사이에서 나만의 균형을 찾는 것이 중요합니다. 가능하면 매일(혹은 하루 두 번) 꾸준히 명상하는 것이 이상적이지만, 너무 엄격하게 시간을 정해놓으면 조금만 변수가 생겨도 아예 명상을 건너뛰기 쉽습니다. 때로는 다양한 명상법에도 마음을 열어 보세요. 예를 들어, 아침 명상을 놓쳤다면 점심시간을 마음챙김 먹기 명상으로 대신할 수 있습니다. 또한 명상 시간의 길이도 유연하게 조정해 보세요. 아침 명상을 주로 하다가 어느 날 늦잠을 잤다면, 3분만 호흡을 세는 것으로도 충분합니다. 아예 명상을 하지 않는 것보다 훨씬 낫습니다. 그 짧은 3분에도 감사한 마음을 가지고, 하루 중 다시 명상할 수 있는 시간을 만들어 보세요.

앞으로 나아가기

명상을 꾸준히 실천하려면 계속해서 자신의 다짐을 새롭게 하고 의지를 다지는 과정이 필요합니다. 명상 중 마음이 흩어지면 부드럽게 주의를 되돌리듯, 명상을 꾸준히 하겠다는 의지 역시 때때로 다시 떠올리고 다잡아야 합니다.

명상 공동체(상가)는 명상을 실천하는 데 매우 든든한 지원군이 되어주며, 함께할 때 더 의미 있는 명상 경험을 제공합니다. 저는 혼자서 매일 꾸준히 명상하는 습관을 갖는 동시에, 일주일에 한 번은 다른 사람들과 함께 명상할 것을 권장합니다. 그룹 명상은 책임감과 일관성을 갖게 하여 꾸준한 실천을 돕고, 서로가 성장하는 데 큰 힘이 됩니다. 주변에 명상 센터가 있다면 한 번 방문해 보세요. 특정 전통이나 종교에 기반한 센터도 많지만, 자신에게 맞는 공동체를 찾기 위해 다양한 곳을 둘러보는 것도 좋습니다.

명상 공동체를 만들거나 참여하고 싶은 분들을 위해 몇 가지 제안을 드립니다.

10일 명상 북클럽 챌린지 친구들을 모아 이 책의 '10일 명상 프로그램'을 함께 실천하는 북클럽 챌린지를 진행해 보세요. 명상을 함께 하거나 각자 따로 연습한 뒤, 온라인이나 그룹 채팅으로 서로의 경험과 진척 상황을 공유하며 소통할 수 있습니다.

북클럽 모임 집이나 동네 커뮤니티 센터에서 주 1회 모이는 일반 북클럽 모임(책은 자유롭게 선택 가능)을 운영하고, 모임의 시작과 끝에 5~10분 정도의 명상을 함께 실천할 수 있습니다.

실용 명상 모임 정기적으로 모여서 명상에 대해 이야기하고, 실제로 명상 연습을 해 보는 모임을 만드는 방법도 있습니다. 이 모임은 특별한 날이나 기념일, 예를 들어 연휴, 생일, 보름달이나 초승달이 뜨는 날 등 친구들과의 주기적인 모임으로 진행할 수도 있습니다.

기존 모임에서 명상하기 지역 모임이나 팀 미팅, 가족 모임을 할 때 몇 분간의 만트라 명상, 자애 명상, 또는 앉아서 하는 명상을 추가하는 것도 좋은 방법입니다.

제 경험상 매일 혼자 명상하는 습관보다 더 큰 효과를 준 것은 정기적인 그룹 명상이었습니다. 그룹 명상을 통해 명상에 대한 이해와 경험이 완전히 새로운 차원으로 발전했고, 특히 함께 명상한 친구들과 나눈 깊은 대화와 그 과정에서 형성된 친밀한 관계가 큰 기쁨이었습니다.

명상이 점점 편해질수록 자연스러운 습관으로 자리 잡게 됩니다. 여러분이 이 10일간의 프로그램을 통해 직접 경험했듯이, 명상은 매우 단순한 연습이지만 몸과 마음을 치유하고 변화시키는 강력한 힘을 가지고 있습니다. 모든 일이 그렇듯이, 명상도 들인 노력만큼 효과를 얻을 수 있습니다. 더 행복하고 평온하며 충만한 삶을 향해 첫걸음을 내디딘 여러분을 진심으로 축하합니다.

중요 용어

감정 조절 능력(emotional self-regulation): 자신의 감정을 경험하고 인식한 뒤, 건강하지 않은 방식으로 표현되지 않도록 스스로 감정 상태를 조절하는 능력. 이는 감정을 아예 경험하지 않거나 억누르는 '감정 억압(emotional repression)'과는 다르며, 건강한 방식으로 감정을 경험하고 소통하는 과정을 포함함

깨달음(enlightenment): 모든 것에 대해 의심이나 환상, 혼란, 왜곡 없이 완전하고 명확하게 이해한 상태

마음속 메모(mental noting): 명상 중 떠오르는 생각, 소리, 감각 등을 있는 그대로 알아차리는 행위. 예를 들어 "와, 지금 일 생각을 정말 많이 하고 있네. 다시 만트라로 돌아가야지"라고 마음속으로 확인하는 것

마음챙김(mindfulness): 현재 이 순간에 온전히 깨어 있는 행위. 몸과 마음이 전달하는 모든 감각 정보를 있는 그대로 알아차리는 것

마음챙김 걷기(mindful walking): 걷는 행위에 마음챙김을 담아, 몸의 여러 움직이는 부분에서 일어나는 모든 감각과 움직임에 주의를 기울이는 명상법

마음챙김 관찰(mindful observation): 대상을 직접 응시하는 것으로, 이 과정에는 대상을 만지거나 살펴보는 것이 포함될 수도, 포함되지 않을 수도 있음

마음챙김 먹기(mindful eating): 음식을 먹을 때 그 모양, 질감, 맛, 양뿐만 아니라, 음식이 몸에 일으키는 신체적 감각에 대해 마음챙김을 통해 온전히 인식하며 경험하는 명상법

마음챙김 명상(mindfulness meditation): 정해진 시간과 장소에서 완전한 알아차림을 실천하는 연습

만다라(mandala): 힌두교 등 여러 종교에서 신성시하는 기하학적이고 다채로운 무늬의 예술 작품으로, 우주의 조화와 통합을 상징함

만트라(mantra): 마음을 이끄는 도구를 뜻하는 산스크리트어로, 명상이나 찬팅, 기도 또는 확언을 할 때 마음속으로 또는 소리 내어 반복하는 단어나 구절

명상 대상(meditation object): 명상 중 집중하는 지점으로, 눈을 뜨고 하는 응시 명상에서는 물리적인 대상이 될 수 있고, 만트라 명상에서는 단어나 구절이 될 수 있음

무념(no-thought): 선불교에서 명상의 궁극적인 목표로 여겨지는 초월적 자각 상태로, 생각하는 마음을 넘어선 자각의 상태. 뇌가 더 이상 활동하지 않는 상태가 아니라, 생각을 초월한 자각을 의미함

무드라(mudra): 명상 중 손과 손가락의 자세나 배열로, 집중력 향상이나 이완과 같은 신경계의 특정 반응을 이끌어내기 위한 동작. 때때로 "손 요가"라고도 불림

미세한 변화(microchanges): 몸 전체에서 일어나는 미세하고 작은 움직임과 조정으로, 마음챙김 알아차림으로만 감지할 수 있는 변화들

바디스캔(body scan): 머리끝에서 발끝까지 몸의 모든 부위에 차례로 주의를 기울이며 각 부위가 어떻게 느껴지는지 탐색하는 핵심적인 마음챙김 명상 기법. "몸 훑기"라고도 불림

부드러운 초점(soft focus): 열린 알아차림 또는 열린 마음챙김과 동의어

사랑의 공간(love zone): 자애 명상을 할 때, 명상하는 사람의 주변을 둘러싸고 있다고 상상하는 사랑과 자애의 공간 또는 영역

사이매틱스(cymatics): 소리의 진동과 주파수가 물리적 환경에 미치는 특정하고도 조절 가능한 영향을 연구하는 학문 분야

상가(sangha): 자기 계발, 영성, 명상에 대해 배우기 위해 모인 사람들의 공동체

생각(thoughts): 마음이 현재 순간의 감각 정보에 자동으로 반응하거나, 과거의 경험과 상상을 처리할 때 뇌의 신경 회로에서 일어나는 전기적 활동

샤바사나(shavasana): 명상자가 등을 대고 누워 손바닥을 위로 향하게 하는 자세, 특히 요가 니드라 또는 바디스캔 명상에서 자주 사용되며, "송장 자세"라고도 불림

선(Zen): 1,500년 전 달마 대사가 인도에서 중국으로 전한 동양의 전통으로, 인도 불교와 중국 도교가 결합된 형태

신경 회로(neural pathways): 생각이나 행동이 일어날 때 뇌와 몸에서 전기 신호가 이동하는 경로

알아차림의 공간(field of awareness): 한 사람이 자신의 주변 사방으로 느끼고 알아차릴 수 있는 모든 지각의 범위

얀트라(yantra): 동양 전통에서 신성한 의미를 지닌 만다라 예술 작품

억눌린 감정(repressed emotions): 마주하기 힘들거나 괴로운 감정이지만, 이를 피하거나 인정하지 않으려 해서 마음속에 쌓여 있는 감정들

엠패스(empath): 다른 사람의 감정에 매우 민감하게 반응하고 공감하는 사람

열린 알아차림(open awareness): 주의를 부드럽게 확장하여, 자신을 둘러싼

모든 방향으로 알아차림의 공간을 넓혀 가는 명상법

요가 니드라(yoga nidra): 몸을 깊은 이완 상태로 이끄는 바디스캔 명상법으로, 마음이 잠에 빠지지 않도록 유지하면서 수행하는 명상

움직이는 명상(moving meditation): 신체적인 움직임을 포함하는 활동에 마음챙김을 적용하는 연습

음과 양(yin and yang): 자연의 이원성에 대한 동양의 개념으로, 영성과 물질성, 여성성과 남성성, 어둠과 빛 등 상반되는 두 가지 특성이 서로 보완하며 존재하는 원리

응시점(gazing point): 눈을 뜨고 하는 명상에서 특정 대상 위에 시선을 두고 바라보는 지점으로, 명상 중 시선이 다른 곳으로 향할 때마다 계속해서 되돌아오는 지점. 일종의 시각적 만트라와 비슷한 역할을 함

자애(lovingkindness): 모든 생명체에 대해 조건 없는 사랑과 수용, 판단하지 않는 마음을 갖추고, 이들이 맑고 건강하며 평화롭고 행복하기를 바라는 마음의 상태

정서적 성숙(emotional maturity): 자신의 감정을 있는 그대로 경험하고, 정확히 인식하며, 타인에게 해를 끼치지 않으면서도 진실하게 표현할 수 있는 능력

좌선(zazen): 선불교 명상에서 앉아서 하는 호흡 알아차림 명상법

직접 경험(direct experience): 단순히 책을 읽거나 공부하는 것에 그치지 않고, 스스로 실천하며 특정한 명상법을 경험하고 탐구하거나 즐기는 과정

차크라 균형 맞추기(chakra balancing): 몸의 각 부위와 그것과 연결된 삶의 다양한 측면(예: 감정, 건강, 일상생활 등)의 균형을 회복하도록 도와주는 바디

스캔 명상의 한 방식

차크라(chakra): 척추를 따라 일직선으로 배열된 일곱 개의 에너지 중심점으로, 각각 신체의 특정 기능뿐 아니라 정서적, 영적, 현실적인 삶의 영역과도 연결되어 있음

초심자의 마음(beginner's mind): 선불교에서 말하는 개념으로, '전문가'의 마음에 흔히 있는 선입견이나 한계에서 벗어나 열린 호기심으로 사물을 바라보는 마음 상태

초월(transcend): 주어진 상황을 피하거나 감정을 억누르지 않고, 그 상황 속에서 살아가되 그 상황에 휘둘리지 않으며 그 이상으로 나아감

트라타카(trataka): 전통적인 요가의 눈을 뜨고 하는 응시 명상법

하트풀니스(heartfulness): 자애(lovingkindness) 또는 메타(metta)와 동의어로, 특히 자비심을 지닌 마음챙김을 의미함

호흡 알아차림(breath awareness): 숨을 들이쉬고 내쉬는 과정과 그 사이의 멈춤, 그리고 호흡과 관련된 모든 신체적 감각을 주의 깊게 관찰하는 명상 기법

확언(affirmation): "진실임을 단언하는 말"로, 새로운 신념이나 행동의 형성을 돕기 위해 소리 내거나 마음속으로 반복하는 문구

벤자민 W. 데커 Benjamin W. Decker

미국 로스앤젤레스에서 활동하고 있는 세계적인 명상 지도자이자 베스트셀러 작가. 현대적 명상 스튜디오의 시초인 '언플러그 명상'과 글로벌 웰니스 브랜드 '원더러스트'의 창립 지도자이며, 《뉴욕타임즈》와 《포브스》 등 여러 매체에 소개되었다.
고대의 지혜를 현대인의 일상 언어로 풀어낸 그의 명상법은 쉽고 명료하며 실용적이다. 덕분에 초보자부터 숙련자까지 누구나 일상 속에서 깊은 평온과 행복을 경험할 수 있도록 안내한다.

이혜진

미국 위스콘신 대학교 매디슨에서 명상 과학의 선구자인 리처드 데이비슨 교수의 지도하에 임상심리학 박사학위를 받았다. 뇌영상 연구를 통해 마음 훈련의 신경 기전을 규명해 왔으며, 현재 전남대학교 심리학과 교수로 재직하며 마음챙김의 효과를 연구하고 있다.

10일 마음챙김 명상 워크북

초판 1쇄 인쇄 2026년 2월 3일 | 초판 1쇄 발행 2026년 2월 12일
지은이 벤자민 W. 데커 | 옮긴이 이혜진 | 펴낸이 김시열
펴낸곳 도서출판 운주사

(02832) 서울시 성북구 동소문로 67-1 성심빌딩 3층

전화 (02) 926-8361 | 팩스 0505-115-8361

ISBN 978-89-5746-911-8 03220   값 15,800원

http://cafe.daum.net/unjubooks 〈다음카페: 도서출판 운주사〉